青春文庫

日本史を変えた「最後の○○」

日本史深掘り講座 [編]

青春出版社

はじめに

日本史上、時代の終焉に〝最後の主役〟として立ち会った人々がいる。激しい時代の奔流に溺れそうになりながら、彼らは激動の日々をどう生き抜いたか――。

たとえば、江戸の幕末期、現在の千葉県木更津《きさらづ》市で一万石の小藩を治めていた殿様がいた。名を林忠崇《はやしただたか》という。彼は徳川家に忠義を尽くすため自ら「脱藩」、東北各地を転戦して新政府軍と戦った。その後忠崇は太平洋戦争が勃発《ぼっぱつ》する直前まで長寿を保った末に、都内の自宅アパートで静かに亡くなった。江戸から明治、大正、昭和と四つの時代を生きた「最後の殿様」の波瀾《はらん》の人生とはどのようなものだったか。

本書では、ほかにも、同じ幕末・維新期に近藤勇《こんどういさみ》の後継者として登場し、なぜか割腹《かっぷく》自殺を遂げた「最後の新選組局長」、源頼朝《みなもとのよりとも》が築いた武家政権の幕を下ろした皇族出身の「最後の鎌倉将軍」……など、教科書には出てこない熱いドラマと〝その後〟の顚末を紹介する。

最後のバトンを渡された者にしか味わえない人生の悲哀から見えてくる日本史の新事実に迫ってみよう。

二〇二三年五月

日本史深掘り講座

日本史を変えた「最後の○○《まるまる》」◆目次

DTP■フジマックオフィス
協力■カミ通信（新明正晴）

請西藩最後の藩主・林忠崇

太平洋戦争の直前まで生きた「最後の大名」がたどった流転の人生

明治維新を迎えたとき、日本全国には かつて「殿様」と呼ばれた旧大名が三百人近くもいた。維新後、彼らの大半は特権階級を与えられ、何不自由なく暮らしたが、例外もあった。上総国《かずさのくに》請西藩《じょうざいはん》藩主の林忠崇《はやしただたか》もその一人。江戸、明治、大正、昭和の四代を生きた、文字通り「最後の殿様」だった。流転の人生を歩んだ彼の足跡をたどる。

▼娘と二人、アパートで静かに暮らす

太平洋戦争開戦の年となった昭和十六年（一九四一年）の一月二十二日、現在のJR山手線・目白駅から歩いて数分の距離にある東京都豊島区高田のアパートの一室で、一人の老人が静かに亡くなった。享年九十四と長寿だった。

その老人こそ、当時、「生存する最後の大名」と呼ばれた林忠崇《はやしただたか》であった。近所では、そのアパートに娘と二人、つましく暮らす老人がいることは知られていたが、まさか「お殿様」だったとはほとんどの人が気付いていなかった。

およそ林忠崇ほど流転の人生を経験した大名もいなかった。戊辰《ぼしん》戦争をきっかけに殿様でありながら自ら藩を「脱藩」、旧幕府軍に加わって新政府軍（官軍）と戦った。これだけでも相当ユニークなのに、その後、謹慎が明けてからは旧領に戻って農民、続いて東京府の下級役人、函館に渡って商家の番頭……など職業を転々とした。

なぜ、かつてのお殿様が、これほど苦難の人生を歩まなければいけなかったのだろうか。以下ではそのあたりの謎に迫ってみたい。

▼徳川家と関係が深い名誉の家柄

林忠崇は幕末の嘉永《かえい》元年（一八四八年）七月二十八日、上総国《かずさ》請西藩《じょうざい》（現在の千葉県木更津市《きさらづ》請西）の藩主・林忠旭《ただあきら》の五男として誕生した。忠旭は旗本の出身でありながら、請西藩の初代藩主となった人物。

請西の名は、その昔、このあたりに城、あるいは砦《とりで》があり、城在《じょうざい》、城砦《じょうさい》が転訛《てんか》したものと言われている。請西藩は石高で言えばたかだか一万石余りだったが、江戸時代の林家は徳川家とは格別に縁が深い家柄として知られていた。

そもそも林家は甲斐源氏《かいげんじ》・小笠原氏《おがさわら》の傍流《ぼうりゅう》で、徳川家の始祖とされる松平親氏《まつだいらちかうじ》（家康《いえやす》の八代前）のころから仕《つか》えたという最古参の忠臣であった。林家の伝承によれば、家祖・林光政《みつまさ》が、戦《いくさ》に敗れて流浪していた親氏を匿《かくま》ったことがあった。

正月となり、降りしきる雪の中、自ら野兎《のうさぎ》を狩ってきてその兎で吸い物をつくり、親氏に祝い膳として供した。親氏はこのときの恩義を忘れず、のちに勢いを盛り返すと光政を呼んで家来に取り立てたという。

以来、徳川家では正月を迎えるごとに林家から献上された兎の吸い物を食することが吉例となり、江戸時代になっても代々の将軍に受け継がれた。この正月行事は「献兎賜盃《けんとしはい》」と呼ばれ、林家の当主が吸い物を献上したのち、その返礼として将軍から盃《さかずき》を、それも列座の諸侯中、第一番に頂戴《ちょうだい》したほどの名誉な家柄であった。

▼将来の幕閣入りも期待された逸材

請西藩二代目藩主・林忠交《ただかた》(忠旭の弟)の急死により、忠崇が三代目藩主になったのは慶応三年(一八六七年)六月、二十歳のときだった。忠崇という人は幼少期から文武の道に励んでおり、このころには近い将来の幕閣《ばっかく》入りも期待されるほどの凛々《りり》しく英邁《えいまい》な君主に成長していた。まさに、忠崇の前途は洋々としているように見えた。

ところが、その年の十月になり、忠崇の人生の歯車を狂わせる大きな出来事《ニュース》が京都から飛び込んでくる。将軍徳川慶喜《よしのぶ》が政権を朝廷に返上したという報《しら》せだった（「大政奉還《たいせいほうかん》」）。

さらに、年が明けると新政府軍と旧幕府軍との間で武力衝突「鳥羽《とば》・伏見《ふしみ》の戦い」が勃発《ぼっぱつ》し、旧幕軍が敗退したことを知ると、忠崇は「徳川家の御厚恩《こうおん》に報《むく》いるのは今このときぞ」と旧幕軍支持の決意を家臣一同に表明し、藩を挙《あ》げて洋式の武器を調達したり洋式調練に汗を流したりした。

やがて、そんな忠崇を慕い、鳥羽・伏見の戦いを潜《くぐ》り抜けてきた佐幕《さばく》・抗戦派の部隊「遊撃隊《ゆうげきたい》」が請西藩にやって来る。当時、隊の中心を成していたのは幕臣の伊庭八郎《いばはちろう》と人見勝太郎《ひとみかつたろう》であった。

忠崇は、伊庭や人見らから、徳川家の再興のために力を貸してほしいと懇願《こんがん》された、体の中を流れる若い血潮が滾《たぎ》ったに違いない。忠崇はその申し出を快諾《かいだく》すると、周囲を驚かせる思わぬ行動に出る。

▼領民を戦禍に巻き込まないために

忠崇は家臣一同を集めたうえで、「吾《われ》は今後、藩を脱し、遊撃隊と行動を共にする」と宣言したのである。藩主自ら脱藩するなど、徳川幕府始まって以来の椿《ちん》事《じ》であった。しかしこれは、忠崇が考え抜いた末に出した結論だった。

遊撃隊を迎え入れたうえで藩を挙げて新政府軍に抵抗する姿勢を見せたとなれば、当然、領内に新政府軍が押し寄せ、領民が被《こう》る災厄《さいやく》は計り知れないものになるだろう。それを回避するために忠崇は自ら藩を脱しようとしたのである。

こうして慶応四年（一八六八年）閏《うるう》四月三日早朝、忠崇は、藩主と一緒に戦うことを選んだ請西藩士六十七人に遊撃隊三十六人を加えた百三人と共に、真武根《まふね》陣屋《じんや》（請西藩の上屋敷）を出陣した。周辺には佐幕か反幕か、態度を決めかねている日和見《ひよりみ》の藩が多いなか、あくまでも徳川に忠誠を誓う忠崇の潔い行動に感激し、大勢の領民が沿道に土下座してその武運を祈ったと伝えられている。

新政府はそんな忠崇の脱藩を反逆行為と見なし、林家を改易《かいえき》（所領などを没収すること）とした。こうして林家は最後の改易処分を受けた大名となった。

その後、忠崇らは旧幕海軍の協力を得て、館山湾から相模《さがみ》湾に向かう。箱根に陣を構え、関東の佐幕派の諸隊と連携し、すでに関東に入っている新政府軍の補給路を断つのが目的だった。ところが、この計画は小田原藩の裏切りに遭い、頓《とん》挫《ざ》する。

▼期待した仙台藩までが白旗を

それでも忠崇ら遊撃隊は徹底抗戦をやめず、今度は軍艦に乗り、戦況が拡大しつつあった奥州へと向かう。六月三日の夕刻に陸奥《むつ》国小名浜《おなはま》（福島県いわき市）に上陸。その後は北上しながら転戦を重ね、七月下旬に会津《あいづ》若松城（鶴ヶ城とも）に入る。

この会津というところは奥州の佐幕派の代表格、松平容保《まつだいらかたもり》が治めていた土地であった。このとき忠崇は容保に面会しているが、互いに顔を見つめ合い、「お察し申す」とだけ言葉を交わしたそうである。

その後、忠崇らは米沢を経て、九月一日、仙台城下に入る。この仙台藩なら、奥州随一の雄藩であり、佐幕で結束した「奥羽越列藩同盟《おううえつれっぱんどうめい》」の中心的存在でもあることから、不利な戦況を立て直せるはずと踏んだのだが、その見通しは甘かった。

仙台に入って三日後の九月四日、米沢藩が新政府軍に降伏。さらにその数日後には期待した仙台藩までが降伏を表明したのである。このとき忠崇は、この仙台で知り合ったばかりの旧幕臣・榎本武揚《えのもとたけあき》の誘いに乗り、蝦夷《えぞ》（北海道）に渡ることも考えたが、結局は仙台藩ら周囲の説得もあって降伏と武装解除を決断する。

忠崇がそれを決意したのは、徳川家の存続が許されたという報せが直前に忠崇の耳に届いていたからだった。徳川家の存続がかなった以上、それでも戦いをやめないのは、かえって徳川家のために不忠であると周囲から説得され、忠崇は心ならずも降伏を決めたのであった。

▼運にも見放され仕事は長続きせず

忠崇は江戸での謹慎期間を経て、明治六年（一八七三年）の二十六歳のとき、旧領であった請西村に戻って農民となる。忠崇のような元大名であれば、維新後、「華族《かぞく》」に列して様々な特権が受けられるはずであったが、忠崇は改易処分を受けていたため、それもかなわず、早急に生活の糧《かて》を得る必要に迫られたからである。

しかし、やはり未経験者にとって農業はそんなに甘いものではなく、すぐに音《ね》をあげた忠崇は、亡父と親しかった元幕臣で、当時、東京府知事を務めていた大久保忠寛《ただひろ》（一翁《いちおう》）を頼り、下級役人として登用される。

ところが明治八年（一八七五年）十二月、上司と対立し、辞職。その後はツテを頼って函館に渡り、海産物の輸送を行う豪商・仲栄助《なかえいすけ》の世話になり、店の番頭の職につく。もともと忠崇に商才があったとは思えないから、「お飾り」のような存在だったに違いない。ようやく安定した暮らしができると喜んだのも束《つか》の間、運悪く栄助の店が破産したため、再び困窮生活を余儀なくされる。

忠崇は明治十三年（一八八〇年）、神奈川県座間市の寺院に寓居《ぐうきょ》（仮住い）する。この寺には数年間滞在するのだが、普段は何をするでもなく、近所と交わることもせず、好きな絵を描くなどして静かに暮らしていた。忠崇の身元を知っていたのは住職一人で、妻女も知らなかった。近所では雑用をこなす寺男だと思われていたらしい。

▼岡山県で娘と同居する

収入が無くてもどうにか食べていけたのは、平民として各地に散らばっていた旧臣たちが時折ご機嫌伺いにやって来て、そのつど幾許《いくばく》かのお金を置いていったからである。また、忠崇は謹慎後、三～四人の女性と結婚、あるいは内縁関係を繰り返したと見られているが、そうした女性を周旋したのも旧臣たちだった。

明治十九年（一八八六年）、妻チエとの間に次女ミツが誕生する（長女は早世）。このミツがのちに忠崇と同居し、忠崇の面倒を終生見ることになる。

明治二十六年（一八九三年）から翌二十七年にかけて、旧臣らの家名復興の嘆願運動が実り、忠崇は甥《おい》の林忠弘《ただひろ》と共に晴れて華族に列せられる。その後忠崇は印刷局に勤めたり日光東照宮で神職として勤めたりしたが、いずれも長続きしなかった。

明治三十七年（一九〇四年）、妻チエに先立たれると、大正四年（一九一五年）

には次女ミツの嫁《とつ》ぎ先であった岡山県津山市の銀行経営者の家に引き移る。娘との同居で久々の安らぎを得た忠崇だったが、運命はやはり彼に対して冷酷だった。

昭和十年（一九三五年）、ミツが離婚したことから、父娘《おやこ》は岡山を離れざるを得なくなり、一時、大阪で暮らした後、昭和十二年（一九三七年）、東京に舞い戻る。このとき、忠崇は九十歳の卒寿《そつじゅ》だった。

▼西洋人形製造からアパート経営に

その後ミツは別れた夫から譲り受けた、フランス人形を製造販売する会社の経営に当たる。業績はまずまず順調だったらしい。

昭和十二年（一九三七年）、広島藩最後の藩主だった浅野長勲《あさのながこと》が九十六歳で天寿を全《まっと》うすると、ついに生存する最後の元大名は林忠崇一人となった。このころから、新聞や雑誌の取材の申し込みが頻繁に入るようになる。忠崇はこうした取材を受けることが満更嫌いでもなかったらしい。

やがて戦争の気配が色濃くなってくると、西洋人形を自由に作ったり買ったりすることができなくなり、会社の業績は一気に冷え込んでしまう。そこでミツは思い切って会社を畳み、アパート経営に乗り出す。それこそが忠崇にとって終《つい》のすみかとなった東京都豊島区高田のアパートだった。

父娘がそのアパートに転居したのは昭和十五年（一九四〇年）三月のことだった。冒頭で述べたように、忠崇はその翌年の一月二十二日に亡くなっている。死の瞬間、たまたま外出していたミツは立ち会えず、かつて忠崇が藩主だった時代に家老を務めていた人物の孫が看取ったという。

こうして最後の大名——林忠崇は、徳川家を守るために命を懸けた青春時代の思い出を胸に、彼岸《ひがん》へと旅立ったのである。

鎌倉幕府最後の将軍・守邦親王

鎌倉幕府の幕を下ろした「最後の将軍」守邦親王の謎

鎌倉幕府――源《みなもとのよりとも》頼朝が樹立したわが国初の武家政権だ。同政権は初代頼朝から最後の守邦親王《もりくにしんのう》まで九代続いた。六代宗尊《むねたか》親王から守邦親王までの四代はすべて宮（皇族）将軍だった。武家政権として誕生したはずなのに、なぜ宮将軍が擁立《ようりつ》されることになったのか。そして、最後の守邦親王とは一体どんな人物だったのだろうか。

▼源氏、摂家、宮家へと政権が移行

近年は研究者の新発見により日本史の書き換えが盛んに行われている。源頼朝が開いた初の本格的武家政権である鎌倉幕府の成立年もその一つ。中学の教科書などは従来の「一一九二《いいくに》つくろう」から「一一八五《いいはこ》つくろう」に移行しつつあるという。

この鎌倉幕府はやがて足利尊氏《あしかがたかうじ》と新田義貞《にったよしさだ》によって滅ぼされ幕を閉じたのはご存じのとおり。一一八五年の成立とするなら、滅亡する一三三三年まで約百五十年間存続したことになり、この間、のべ九人の将軍によって受け継がれている。

すなわち、初代征夷《せいい》大将軍・頼朝から三代源実朝《さねとも》までは源氏将軍、四代藤原《ふじわらの》頼経《よりつね》から五代藤原頼嗣《よりつぐ》までは摂家《せっけ》（天皇を補佐する摂政関白《せっしょうかんぱく》に任ぜられる家柄）将軍、六代宗尊親王《むねたかしんのう》から最後の九代守邦《もりくに》親王までの四人は宮（皇族）将軍が続いた。

百五十年ほどの間に政権が源氏から摂家に、摂家から宮家へと目まぐるしく移行したのはなぜだろうか。本稿ではそのあたりの真相と、鎌倉幕府最後の将軍となった守邦親王とはどんな人物だったのかを探ってみた。

▼北条義時・政子姉弟の暗躍

建保《けんぽう》七年（一二一九年）一月二十七日、鎌倉幕府三代将軍・源実朝は、参拝に訪れた鶴岡八幡宮《つるがおかはちまんぐう》で兄頼家《よりいえ》（二代将軍）の子・公暁《くぎょう》によって暗殺された。三代将軍になって十六年目のことだった。享年二十八。こうして鎌倉幕府の源氏将軍は断絶した。

かつて二代頼家は伊豆・修禅寺において幽閉中、北条義時《ほうじょうよしとき》の手勢に暗殺されたのだが、事件の背後で実朝が糸を引いていたと思い込んだ公暁が、父の仇《かたき》を討つべく、その機会をうかがっていたのだった。

実朝には嫡子《ちゃくし》がなかったため、四代将軍には京都から――藤原氏のうちの九条家（五摂家の一つ）出身の藤原頼経が迎えられ、その座についた。摂家といっても頼経は初代頼朝とは血縁関係にあったという（頼朝の母の妹のひ孫）。

この藤原頼経の擁立《ようりつ》に積極的に動いたのが、北条義時・政子《まさこ》姉弟《きょうだい》だった。言

■鎌倉幕府歴代将軍

①氏名　②在職期間　③出身家　④享年

初代	①**源頼朝《みなもとのよりとも》**　②6年6カ月（?）③河内源氏　④53
	ご存じ鎌倉幕府の初代征夷大将軍。江戸時代末まで約700年続く武家政治の礎を築く。死因は落馬？
2代	①**源頼家《みなもとのよりいえ》**　②1年2カ月　③河内源氏　④23
	北条氏の台頭により、実弟の実朝に将軍職をとって代わられ、わずか23歳で伊豆で誅殺される。
3代	①**源実朝《みなもとのさねとも》**　②15年4カ月　③河内源氏　④28
	12歳で征夷大将軍に。28歳のとき頼家の子に暗殺され、これをもって鎌倉幕府の源氏将軍は断絶した。
4代	①**藤原頼経《ふじわらのよりつね》**　②18年3カ月　③藤原氏（九条家）④39
	関白・九条道家の子。皇族を将軍に迎えようとした画策は失敗し、頼朝の遠縁の頼経が迎えられた。
5代	①**藤原頼嗣《ふじわらのよりつぐ》**　②7年10カ月　③藤原氏（九条家）④18
	6歳で父頼経から将軍職を譲られるが、九条家の介入を嫌った執権北条時頼によって追放され、18歳で没。
6代	①**宗尊親王《むねたかしんのう》**　②14年3カ月　③皇族　④33
	後嵯峨天皇の第一皇子で皇族初の将軍。政治的権限は与えられなかった。謀叛の疑いで解任される。
7代	①**惟康親王《これやすしんのう》**　②23年2カ月　③皇族　④63
	宗尊親王の嫡男。3歳で将軍就任。26歳で解任され京に戻された。在任中、実権はほとんどなかった。
8代	①**久明親王《ひさあきらしんのう》**　②18年10カ月　③皇族　④53
	後深草天皇第六皇子。鎌倉歌壇の中心的存在。執権北条貞時によって将軍にされたが、のち出家した。
9代	①**守邦親王《もりくにしんのう》**　②24年9カ月　③皇族　④33
	父久明の解任で8歳のとき将軍に。鎌倉が陥落後、将軍職を辞して出家する。典型的な傀儡（かいらい）将軍。

うまでもなく政子とは初代頼朝の妻だった女性で、弟義時は若いころに頼朝の挙兵に参加し、長く頼朝の側近だった人物。二人ともNHK大河ドラマ「鎌倉殿の13人」でもおなじみだろう。

この当時、義時は幕府の第二代執権《しっけん》（執権とは将軍を補佐する幕府最高位の職。初代執権は義時の父の北条時政《ときまさ》が務めた）として幕府の実権を握っていた。そんな義時としては、鎌倉や関東地方に地縁も知り合いもない部外者を擁立したほうがなにかと都合がよかったのだ。

▼摂家将軍が二代続く

早い話、義時は藤原頼経を傀儡《かいらい》政権の道具に利用する肚《はら》だったのである。なにしろ、頼経が四代将軍として鎌倉に迎えられたとき、まだ二歳の幼児だった（正式に将軍の座についたのはその七年後の嘉禄《かろく》二年＝一二二六年）。このことからも新将軍などお飾りでよい、という義時の思惑《おもわく》が透《す》けて見えるではないか。

藤原頼経の次の五代将軍には、頼経から譲位《じょうい》された頼経の子の藤原頼嗣が立った。寛元《かんげん》二年（一二四四年）四月のことで、当時頼嗣は六歳だった。その二年後の寛元四年、頼経は悲劇に見舞われる。頼経に執権排斥の謀叛《むほん》の動きがあったとして頼経は第五代執権北条時頼《ときより》によって京都へと送還され、のちに子の頼嗣までも十四歳にして将軍職を解任されてしまったのである。

そして北条時頼が頼嗣の後継者に選んだのが、初の宮将軍・宗尊親王であった。宗尊はこのとき十一歳。父は第八十八代天皇の後嵯峨《ごさが》で、のちの皇統《こうとう》分裂──「南北朝時代」を招来《しょうらい》させる原因をつくった人物としても知られている。

▼宮将軍擁立の背景にあるもの

宗尊親王が新将軍に襲位《しゅうい》したころ京都では後嵯峨天皇がわが子の久仁《ひさひと》親王（のちの第八十九代後深草《ごふかくさ》天皇）に譲位し、自らは上皇《じょうこう》（譲位した天皇の尊称）として院政を敷いていた時代で、第一皇子《おうじ》の立場にいながら母方の身分が低いために天皇にさせてもらえなかった宗尊親王の「就職先」として六代将軍の座を斡旋し、たものと考えられている。

これは北条時頼にとっても好都合だった。天皇の皇子となればこれまでの九条家とは別格だからである。これ以上ない高貴な人物を新将軍として推戴《すいたい》できれば、武家政権である鎌倉幕府の格が一段も二段も上がるのは自明の理であった。卑俗《ひぞく》な言い方をすれば、箔《はく》がつくわけである。

さらに、この宮将軍擁立を後押ししたのが、北条時頼が摂家将軍に対して抱いていたある不満だった。このころ五代将軍藤原頼嗣の祖父で、五摂家にあって隠然たる力を持つ九条道家《みちいえ》という公卿《くぎょう》（高位の公家《くげ》を指す）がいて、その道家が幕府政治に対し何かと容喙《ようかい》してくることが我慢できなかったのだ。

こうして、わが子を将軍の座につけたい後嵯峨の思惑と、貴種《きしゅ》を推戴できるうえに目障りな九条家を遠ざけることもかなう北条時頼の思惑が一致し、このたびの宗尊親王の宮将軍擁立が実現したのであった。

▼在位中に国難に遭遇した宮将軍とは

初代宮将軍の宗尊は書や和歌が得意で、当時一流の文化人だった。将軍としての仕事はそっちのけで歌をつくることに明け暮れたという。そんな宗尊に一大転機が訪れたのは二十五歳となった在位十五年目の文永《ぶんえい》三年（一二六六年）のことだった。突然、謀叛の疑いをかけられ、将軍を解任されてしまったのだ。のちに宗尊は出家し、三十三歳で亡くなっている。

二代目の宮将軍（頼朝から数えて七代目）は惟康《これやす》親王といい、先代宗尊の嫡男《ちゃくなん》である。もちろん、鎌倉で誕生している。父が追放されたことで新将軍に就任したときはわずか三歳だった。

この惟康の在位中、日本は国難とも言える大事件に見舞われている。言うまでもなく、文永の役《えき》（一二七四年）と弘安《こうあん》の役（一二八一年）の二度に及んだ蒙古《もうこ》襲来《しゅうらい》である。惟康は文永の役のときで十一歳、弘安の役のときでも十八歳だ。そんな少年将軍に国難に立ち向かうことを期待するのは無理というものである。

そこで実際には当時、幕府の第八代執権・北条時宗《ときむね》が難局に当たった。文永の役のときで時宗は二十四歳の覇気横溢《はきおういつ》した青年武将であった。結果的にこの一大国難は〝神風〟の助けもあって、どうにか乗り切ることに成功する。ところが、戦後、御家人たちの間で恩賞に関することなどで不満の声が沸《わ》き起こり、鎌倉幕府崩壊の引き金になったのはご存じのとおり。

▼破滅に向かって突き進む

弘安七年（一二八四年）、執権北条時宗が三十四歳で病死すると、嫡男の貞時《さだとき》が十四歳で新執権の座につく。五年後の正応《しょうおう》二年九月、将軍惟康の長期在任を嫌った貞時は理由をつけて惟康を京都に追放する一方、後深草《ごふかくさ》上皇の第六皇子である十四歳の久明《ひさあきら》親王を新将軍として迎え入れた。

久明は和歌が得意だったことと、在位期間中に自らの後継者となる守邦親王をなしたこと以外、大した事績を残していない。延慶《えんきょう》元年（一三〇八年）、久明は北条貞時によって在位十九年目にして将軍職を解かれ、八歳の守邦に交代させられている。この守邦が鎌倉幕府最後の将軍となった。

守邦が就任したのは、幕府が内にも外にも深刻な問題を抱えていて、破滅に向かって突き進んでいた時代だった。それまで幕府によって押さえ込まれてきた御家人たちが北条氏の力が弱まったことで勝手な行動をとるようになり、さらに幕府が御家人保護を目的に発布した徳政令の失敗による経済破綻……。京都では後《ご》醍醐《だいご》天皇が討幕計画を秘密裏に進めていたうえ、畿内各所で出没しはじめた「悪党」と呼ばれる武装集団の動向も頭の痛い問題だった。

まさに守邦は、これ以上ないソンな役回りを引き受けさせられたわけである。

▼将軍としての事績はごくわずか

こうした国体をゆるがす激動の時代にあって、しかも歴代の鎌倉将軍の中で最長の在位期間（二十四年九カ月）を誇りながら、守邦には将軍としての表立った事績は数えるほどしか伝わっていない。この守邦将軍時代に事実上の政権を担《にな》ったのは、第十四代執権・北条高時《たかとき》（第九代執権・北条貞時の三男）であった。

数少ない事績にはたとえば、文保《ぶんぽう》元年（一三一七年）、火災で焼失し再建されずにいた天皇家の居所《きょしょ》の一つ（冷泉富小路殿《れいぜいとみのこうじどの》）を幕府の資力で造営したことが評価され、二品《にほん》（律令制で親王の位階の第二等）に叙《じょ》されていた。あとは、翌文保二年、当時は新興宗教であった題目宗《だいもくしゅう》（日蓮宗《にちれんしゅう》）の代表者に対し、その他の宗派の代表者との宗論——問答対決《もんどう》（「鎌倉殿中問答《でんちゅう》」と称す）を命じたことが記録されている。

守邦将軍に関して伝わっている事績はこのくらいだ。とにかく、いたって影の薄い存在だったらしい。こんな話がある。

後醍醐天皇は「元弘の乱《げんこう》」で討幕《とうばく》の兵をあげたが、後醍醐の皇子・護良《もりよし》親王の名のもとに発せられた令旨《りょうじ》（皇族の命令書）には、討伐《とうばつ》すべき対象として「伊豆国の在庁官人北条時政の子孫の東夷《あずまえびす》ども」と北条氏が名指しされていた。本来なら、幕府の最高権力者たる守邦将軍が討伐対象となってしかるべきなのに、守邦の存在は無視されていた。つまり、それほどどうでもよい存在だったわけである。

◇

反幕府勢の新田義貞らによって鎌倉は陥落し、幕府は瓦解《がかい》した。執権の北条高時は北条家菩提寺《ぼだいじ》の葛西ケ谷《かさいがやつ》・東勝寺《とうしょうじ》へと退《の》き、一族や家臣らとともに自刃《じじん》して果てた。元弘三年（一三三三年）五月二十二日のことである。

この幕府が瓦解した日、守邦将軍は一体どんな行動をとったのか、それについて触れた史料はみつかっていない。その後に関する記録もない。ただ、天皇家に盾突《たてつ》く逆賊として処罰された形跡はなく、すぐに自ら将軍職を辞して出家したことだけは確かなようである。そして、そのわずか三カ月後に亡くなったという。病死か他殺か、死因に関しては何も伝わっていない。

新選組最後の局長・相馬主計

京洛を震え上がらせた
新選組「最後の局長」相馬主計の真実

幕末、京都において幕府に盾突《たてつ》く尊王攘夷《そんのうじょうい》派志士の取り締まり活動に当たった浪士隊・新選組。集団を率いたのは、ご存じ近藤勇《こんどういさみ》。新選組の局長と言えばこの近藤勇だが、近藤は初代筆頭局長・芹沢鴨《せりざわかも》に次ぐ二代目。実はこの新選組に三代目の局長がいたことをご存じだろうか。本稿では短命に終わった三代目局長の足跡を追った。

▼近藤勇からバトンを受け継いだ者がいた

幕末、京都市中の治安維持活動に従事した会津《あいづ》藩（福島県）の手先となり、特に尊王攘夷《そんのうじょうい》派志士を厳しく弾圧した浪士隊・新選組。そのトップに君臨し、「泣く子も黙る」と京童《きょうわらべ》を震《ふる》え上がらせたのは、ご存じ局長（隊長）の近藤勇《こんどういさみ》である。

武蔵《むさし》国多摩《たま》郡（東京都調布市）の農家の出だった近藤は、少年の頃から剣術修行に打ち込み、近藤家の養子に迎えられると、二十六歳で養父が創設した道場「試衛館《しえいかん》」を継いだ。その三年後、幕府が募集した、在京中の将軍警護を目的とした浪士組に参加することを決め、盟友の土方歳三《ひじかたとしぞう》や沖田総司《おきたそうじ》、永倉新八《ながくらしんぱち》らと共に京都に向かう。

京都に到着した近藤らは、浪士組結成の黒幕であった清河八郎《きよかわはちろう》らと訣別、会津藩に掛け合って市中警護を担《にな》う「壬生《みぶ》浪士組」を結成することに成功する。この壬生浪士組こそ、のちの新選組の前身である。その後の新選組、ならびに近藤勇の活躍は幕末史ファンの方なら、よくご存じのはず。

本稿では、そんな激動の幕末史に爪痕《つめあと》を残した新選組にあって、「最後の局長」

と言われた相馬主計《そうまかずえ》(のちに主殿《とのも》と改名)について語ってみたいと思う。

近藤勇と言えば、大政奉還《たいせいほうかん》後の戊辰《ぼしん》戦争のさなかに新政府軍によって捕らえられ、即座に処刑されたため、その時点で新選組は完全に消滅したと思い込んでいる人も多いが、実は近藤勇の後にもう一人、新選組局長が誕生していたのだ。それが相馬主計である。彼は一体、どんな人生を歩んだ人だったのだろうか――。

▼入隊してすぐに近藤局長付に抜擢される

相馬主計は、常陸《ひたち》国笠間《かさま》藩(茨城県笠間市)の藩士の子として天保《てんぽう》十四年(一八四三年)に生まれた(天保六年=一八三五年生誕説も)。当時、笠間は徳川譜《ふ》代《だい》の牧野氏が治めていた。八万石の小藩とはいえ、隣国の御三家・水戸藩を常にライバル視し、家臣たちの間では剣術修行が奨励《しょうれい》され、尊攘思想がもてはやされているところまで水戸藩とそっくり同じだった。

このように幕末の笠間は水戸同様、武勇の点でも思想の点でも「熱い土地柄」だった。それだけに相馬もその影響を色濃く受けて少年期を過ごしたようである。

慶応《けいおう》元年（一八六五年）に脱藩し、幕府の第二次長州征討《せいとう》に従軍。四国・松山に駐屯《ちゅうとん》したりしている。その後相馬は新選組に入隊するわけだが、加入時期ははっきりしていない。ただし、慶応四年（一八六八年）一月に勃発《ぼっぱつ》した戊辰戦争の緒戦《しょせん》となった「鳥羽《とば》・伏見《ふしみ》の戦い」の折には間違いなく所属していたという。

学問があり武芸にも秀《ひい》でていた相馬は入隊してすぐに局長付組頭《くみがしら》に抜擢《ばってき》され、数十人の部下を託されるほど優秀な隊士だったという。ところが、直後に鳥羽・伏見の戦いが起こると、相馬の運命は大きく変転することになる。

▼江戸を脱出し東北を経て蝦夷へ逃れる

鳥羽・伏見の戦いで新政府軍に敗れ、一夜にして賊軍となってしまった近藤ら新選組。このとき多くの隊士は散り散りに脱走したが、相馬など一部の隊士は局長の近藤に律義《りちぎ》に付き随《したが》い、江戸を指《さ》して敗走した。

その後、近藤と相馬は新政府軍に捕らえられ、二人そろって斬罪《ざんざい》に処されることになったが、このときの近藤の必死の助命嘆願が功を奏し、相馬だけは処刑を免《まぬか》れ、笠間藩に身柄を預けられることになった。

しかし相馬はすぐに脱獄し、江戸に舞い戻って佐幕派の彰義隊《しょうぎたい》に加入する。そして東北各地を転戦し、仙台で土方歳三に再会したのを契機に、新選組に復帰する。このとき相馬は、江戸を脱出していた輪王寺宮《りんのうじのみや》（明治天皇の義理の叔父《おじ》）に拝謁《はいえつ》を許され、金子《きんす》を賜《たまわ》っている。

同席していた佐幕僧・覚王院《かくおういん》義観《ぎかん》はそのときの相馬の様子について「殊《こと》に器量の者也《なり》」と日記に書き留めている。それほど相馬という人物は、乱暴者が多い新選組の中ではひときわ異彩を放っていたのであろう。

明治元年（一八六八年）十月二十日、榎本武揚《えのもとたけあき》率いる旧幕府軍は蝦夷地《えぞち》（北海道）に上陸する。その中に土方や相馬ら新選組の残党約百人も加わっていた。かくして新政府軍との間で「箱館戦争」の幕は切って落とされたのである。

▼箱館奉行によって隊長に任命される

相馬は、榎本が樹立を宣言した「蝦夷共和国」において陸軍奉行添役《そえやく》を拝命する。それは、陸軍奉行を拝命した土方の直属の部下として箱館市中の警備に当たる任務だった。つまり相馬は、新政権では軍事部門のナンバー2となったわけである。

ところが、翌明治二年を迎え、新政府軍の猛攻を受けて敗色濃厚となった五月十一日、盟友であり上司でもあった土方が戦死を遂げてしまう。その四日後の十五日、相馬は箱館奉行・永井尚志《ながいなおゆき》によって最後の新選組隊長に任命されている。

永井は京都町奉行や若年寄を歴任した幕府のエリート高官。徳川家の駿府転封《すんぷてんぽう》が決まった後は榎本と行動を共にし、蝦夷共和国では箱館奉行に就任した。『金閣寺』などで知られる作家・三島由紀夫《みしまゆきお》の父方の高祖父にあたる人物でもある。

早くから降伏の意思を固めていた永井は、それまで徹底抗戦を主張する土方の存在を疎《うと》ましく思っていたが、土方の死によって新選組をいとも簡単に丸め込むことに成功したのだろう。

十八日、旧幕府軍は五稜郭《ごりょうかく》を開城し、全面降伏した。その三日前の十五日に新政府軍側に提出された恭順書《きょうじゅんしょ》には「新選組隊長　相馬主計」の名前がはっきり記されていた。事務的とはいえ、戦後にその責任を負う者が必要になるため、相馬は永井に説得されて隊長就任を承諾したものと思われる。いずれにしろ、十八日に降伏しその時点で新選組も解体したため、相馬が新選組隊長であった期間はわずか三日間だった。

▼貧しくとも穏やかな日々を送る

ところで、近藤勇は新選「組」なのに、なぜ組長ではなく局長と名乗ったのだろうか。局とは本来、区切りや仕切りを意味する言葉で、会津藩では昔から一部署を表す言葉として使われており、それが新選組にも踏襲《とうしゅう》されたというのが真相らしい。もっとも当時の人々にはこだわりがなく、このころの史料には「組長」こそ見当たらないが、「隊長」の文字が散見され、近藤自身も新選組隊長と署名することがあった。

閑話休題《それはさておき》――。箱館戦争後の相馬の足どりだが、身柄を東京に送られた相馬は、当時の司法機関から「伊東甲子太郎《いとうかしたろう》（新選組の参謀格）暗殺」と「坂本龍馬《さかもとりょうま》暗殺」の嫌疑《けんぎ》をかけられ、伊豆新島《にいじま》に流罪と決まる。明治三年（一八七〇年）十月のことである。

かの地では、学問の深かった相馬は島民から歓迎され、寺子屋を開いて子どもたちに読み書きを教えたりした。また、島の大工の娘・マツと結婚し、貧しくとも穏やかな日々を過ごしたという。

二年後の明治五年十月、流刑制度の廃止によって相馬は赦免《しゃめん》となり、マツを伴い東京に帰還する。相馬としてはこのまま島に残ろうとしたようだが、それは許されなかった。相馬は新島を離れる日、和歌を一首詠《よ》んでいる。

さながらに　そみし我身は　わかるとも　硯《すずり》の海の　深き心ぞ（硯にある「海」と呼ばれる墨汁《ぼくじゅう》をためる部分のように人の心は見通せない、といった意味らしい）

▼維新で新選組は非情な暗殺集団に

東京に入った相馬夫婦は、蔵前に居宅を構えた。相馬はすぐに明治新政府の役人として登用され、主に司法関連の仕事に従事し、順調に出世を続けた。

そのうち、いまや新政府の高官となり、かつて蝦夷地で一緒に戦った榎本武揚から「鳥取県令（県知事）になってもらえないか」という誘いを受けたこともあった。しかし相馬は「私はもはや世捨人《よすてびと》です」。そう言って断ったという。

明治八年（一八七五年）二月、相馬は突如免官《めんかん》されてしまう。まさに、寝耳に水の出来事だった。真相はわかっていないが、どうやら相馬が、明治維新後は新政府の印象操作によって非情な暗殺集団にされてしまった新選組の出身であったことが影響したらしい。

免官されてすぐ、相馬は自宅で亡くなった。近所に買い物に出ていた妻女のマツが帰宅してみると、奥の一室の障子が真っ赤に染まり、そこに相馬が倒れていた。相馬は生前、「私に何かあっても一切他言は無用」と妻女に言い聞かせていたため、死亡した日時や死因は判明していないが、割腹自殺を遂げたことは間違いないらしい。

▼新選組のラストサムライ

これは相馬の当時の胸の内を推《お》し量《はか》るしかないが、妻女の証言によれば、かつて新選組で自分の部下だった男たちが、御一新となり、その前歴ゆえに大半がまともな仕事に就くこともできず、肩身狭く裏長屋で暮らしていることを見聞きし、律義な性格の相馬は常々心を痛めていたという。

そんなさなか、突如免官となり、生計を立てるためとはいえ小吏《しょうり》の職にしがみついていたこの二年あまりの自分が急に気恥ずかしくなり、「このままではかつての部下たちに顔向けができない」と考えたのではないだろうか。

相馬という人は、頭脳は優秀だったが、榎本などのように時流に合わせて泳ぎ回れるほどの器用さは持ち合わせていなかった。まさに、無骨一辺倒な新選組のラストサムライだったのである。

相馬は自分の死を秘するよう遺言したため、今日までその菩提寺さえ見つかっていない。享年は三十三、あるいは四十一と思われる。

江戸幕府最後の老中・稲葉正邦

江戸幕府「最後の老中」稲葉正邦は本当に〝幕府の裏切り者〟だったのか

江戸幕府にあって将軍家に直属し、幕政を統括した最高職、それが「老《ろう》中《じゅう》」。通常、三万石以上の譜代《ふだい》大名から選ばれ、四～五人で政務に当たった。江戸時代を通じてのべ約百二十人の老中が存在した。なかでも最後の老中と言われるのが、淀《よど》藩の藩主・稲葉《いなば》正邦《まさくに》。この稲葉老中が「幕府の裏切り者」と呼ばれるのはなぜだろうか。

▼常時四、五人が在籍し、月番制で政務をとる

江戸幕府の政治体制の中で将軍家の次に権限を持っていた要職が「大老《たいろう》」である。この大老の役割については別の稿で述べたので、ここでは臨時職の大老を除き、幕閣《ばっかく》で常置《じょうち》される職制の中で最高職の「老中《ろうじゅう》」について語ってみたい。

老中の名は、三河時代の徳川家でその家政を任された「年寄《としより》」に由来するという。通常、三万石以上の譜代《ふだい》大名がその職につき、複数名（四〜五人）が月番制で政務を担当。重大な事案が発生したときだけ合議した。大目付・町奉行・勘定奉行・遠国《おんごく》奉行などを指揮監督するのが主たる役目で、事実上の執政《しっせい》と言ってよかった。

初代将軍・徳川家康《いえやす》から幕末の十五代将軍・徳川慶喜《よしのぶ》まで、一体どれくらいの老中がいたかと言えば、これがはっきりしていない。老中に準じる「老中格」の扱いをどうするかなど数え方が定まっていないからだ。『徳川十五代を支えた老中・大老の謎』（福田智弘著、実業之日本社）によると、少なくとも百二十人以上いたらしい。

今回、その中から慶喜の時代に老中を務め、江戸幕府最後の老中と言われる山城《やましろ》国（現在の京都府南部）淀《よど》藩の藩主・稲葉正邦《いなばまさくに》に焦点を当てた。なぜ彼を取り上げたかと言えば、明治維新を迎え、彼が「幕府の裏切り者」扱いを受けてしまったからだ。それは一体、どういうわけだろうか。

▼出世コースを突き進む

稲葉正邦は天保《てんぽう》五年（一八三四年）、陸奥《むつ》国南部の二本松藩（現在の福島県二本松市）藩主・丹羽長富《にわながとみ》の子として誕生した。のちに嗣子《しし》がいなかった譜代大名の淀藩・稲葉正誼《いなばまさよし》の養子となり、正誼が亡くなったときに十五歳で十二代目、つまり最後の淀藩主を継いだ。嘉永《かえい》元年（一八四八年）のことだ。

居城・淀城は桂川・宇治川・木津川の三川が合流する水陸の要衝《ようしょう》（現在の京都市伏見区淀本町）にあり、京都防衛の重要な任務も担《にな》っていた。そのためか正邦の幕府内での昇進は早く、文久《ぶんきゅう》三年（一八六三年）、三十歳で京都所司代《しょしだい》となり、京都守護職《しゅごしょく》で会津《あいづ》藩の松平容保《まつだいらかたもり》と共に尊攘《そんじょう》過激派の取り締まりに当たった。

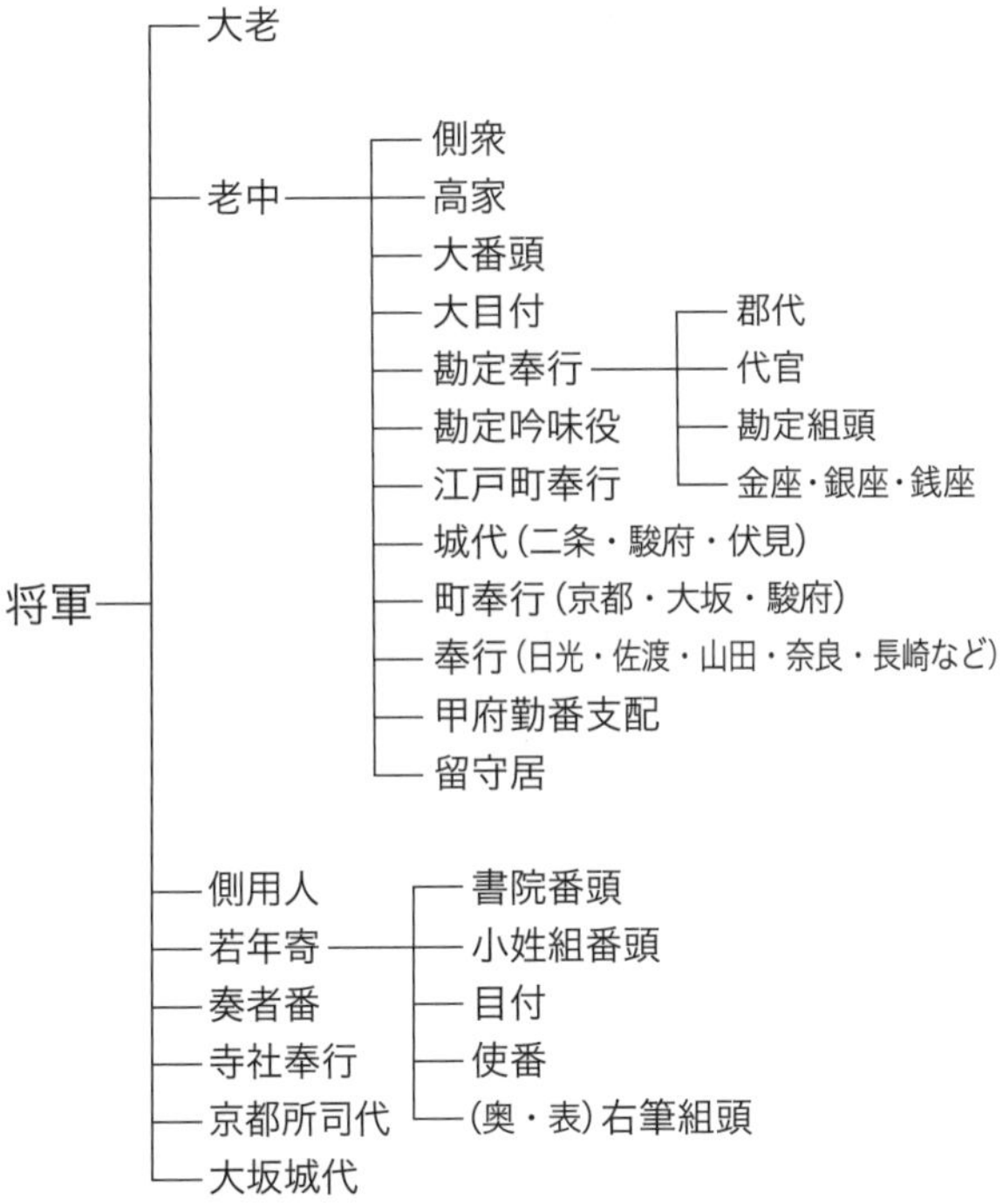

◎江戸幕府の職制と大老

3代将軍・徳川家光のころに全国を支配するための細かい職制が整った。要職ほど月番交代(1カ月交代)などで互いに監視しあう仕組みになっていた。幕閣の最高職で臨時に設けられた「大老」は、江戸時代を通じてのべ9人いたことがわかっている。大老職に就けるのは、譜代大名の中でも特に初代家康と関係が深かった井伊・酒井・土井・堀田の四家に限られた。

京都所司代は朝廷や西国大名を監視すべく京都に置かれた行政機関で、老中へとつながる出世コースの最終通過点の一つとも言われた重要ポストだった。

事実、正邦は翌年の元治《げんじ》元年四月十一日に老中職を拝命する。ところが、その翌年には辞任し、江戸城内での雁之間詰《かりのまづめ》（中堅譜代大名の詰所）を命じられる。その理由はよくわからないが、拝命した月日と同じ四月十一日に辞任していることから推《お》して、最初から既定路線だったのだろう。

辞任して一年後（慶応二年＝一八六六年）の四月十三日、正邦は老中に再任する。これは過去に再任した例や再々任した例もあり、特段珍しいことではなかった。

▼国許の藩上層部との確執

正邦が老中に再任して一年半後の慶応三年十月十四日、徳川慶喜が政権返上を朝廷に上奏《じょうそう》し、二百六十年以上続いた徳川幕府はついに崩壊した（「大政奉還」）。その一年半という期間は、まさに「国の行く末」を左右するほどの大事件の連続だった。

まず、第二次長州征討《せいとう》が起こっていた。このときの遠征で幕府側は十万を超える大軍を動員したにもかかわらず、待ち構えていた長州軍の西洋式の軍備や戦術によってさんざんに打ち負かされ、大敗を喫してしまう。このときの敗北により、幕府の権威は地に落ち、のちの大政奉還に直結したと言われている。

さらに十四代将軍・徳川家茂《いえもち》の急死と、徳川慶喜の新将軍就任、孝明《こうめい》天皇の崩御《ほうぎょ》と、明治天皇の践祚《せんそ》（皇嗣《こうし》が天皇の位を継承すること）、東海や近畿地方での謎めいた民衆運動「ええじゃないか」の大流行――などが起きており、政権側にあった稲葉正邦らを大いに悩ませたのである。

なかでも、長州征討の際、自身の淀藩においても江戸詰にあった正邦と国許《くにもと》の藩上層部との間で内紛が起きており、その内紛がのちの正邦の運命を左右することにもつながった。それは、征討をめぐっての派兵に対する意見の食い違いだった。

正邦は根っからの佐幕派で自身、老中という立場もあり、淀藩の兵を一も二も無く幕府の征討軍に加える考えだった。ところが、国許の城代家老・田辺右京は世の趨勢《すうせい》を見極めるのに敏であったせいか、藩主の出兵命令に対し強硬に反対意見を唱《とな》え、とうとう正邦に出兵を思いとどまらせてしまったのである。

▼西郷隆盛の挑発に乗った旧幕府側

慶応三年（一八六七年）も押し詰まった十二月二十五日、江戸の三田にあった薩摩《さつま》藩邸が、江戸市中の警備を担当していた庄内藩などによって焼き討ちされるという大事件が起こる。これは薩摩藩が西郷隆盛《さいごうたかもり》の指示によって密《ひそ》かに数百人の浪人を雇い入れ、江戸市中に強盗事件や傷害事件を起こさせ、旧幕府側の怒りを煽《あお》ったために、庄内藩などがその報復行動に出たものだった。

このとき大坂城にいた徳川慶喜のもとに事件の一報が入ると、慶喜の側近たちは、庄内藩の行動は薩摩の挑発に乗せられたものであるとすぐに看破し、慶喜に対し薩摩を討《う》つよう強く迫った。すると慶喜はその声に押し切られる形で「討薩《とうさつ》の表」（弾劾書《だんがいしょ》）を出し、およそ一万五千の旧幕軍を組織して京の薩摩藩邸に向かわせたのである。

旧幕軍のこうした動きを察知した薩摩側は、旧幕軍の進撃を阻《はば》むため、すかさず五千の薩長連合軍（新政府軍）を集めたうえで、鳥羽街道を北上して京入りを目指す旧幕軍を小枝橋《こえだばし》（鴨川《かもがわ》の南にかかる橋）付近で待ち伏せする。

こうして両陣営が対峙《たいじ》したのは慶応四年正月三日夕刻のことだった。最初こそ「通せ」「通さぬ」の押し問答が繰り返されたが、そのうち業を煮やした旧幕軍側が小枝橋を強引に渡り始めたため、それを合図に双方から一斉に砲弾や銃弾が飛び交う事態となる。戊辰《ぼしん》戦争の幕開けとなる鳥羽・伏見の戦いはこうして始まった。

▼「朝敵」とされてしまった旧幕軍

旧幕軍は兵士の数では圧倒的に勝《まさ》っていたものの、西洋の近代的な兵器と戦術を駆使して向かってくる新政府軍にみるみる南へと追い立てられる。しかも、気がつけば新政府軍の最前線には「錦《にしき》の御旗《みはた》」が翩翻《へんぽん》とひるがえっているではないか。

敵（新政府軍）が朝廷の象徴たる錦旗《きんき》を掲げている以上、それに刃向かう自分たち（旧幕軍）は朝敵ということになってしまう。もともと各地からの寄せ集めで士気が乏しかった旧幕軍兵士たちはこれにより愈々《いよいよ》戦意を喪失してしまった。

そこで旧幕軍は、川と堀に囲まれ難攻不落をうたわれた淀城にいったん籠《こも》り、局面の打開策を探ることにした。ところが、いざ城門の前に立ち、門を開けるよう城内に向かって呼びかけたところ、このとき留守家老として城を預かっていた八太監物《はたけんもつ》という者が出てきて、あろうことか藩主・稲葉正邦の不在を理由に開門を拒否したのである。

これは、佐幕急進派の稲葉正邦と違い、この八太監物や田辺右京（彼はこのとき江戸に赴任中）ら当時の淀藩上層部には穏健な現実派が多くいて、幕府が瓦解《がかい》した以上、朝敵の汚名を着てまで旧幕府に殉じるのは愚の骨頂と考えたからであった。さらに、兵の数で新政府軍に勝るにもかかわらず、こうして無様に追い立てられて逃げ込んで来ようとする旧幕軍の不甲斐なさに愛想を尽かしたからだとも言われている。

そこで旧幕軍は仕方なく、大坂城まで敗走することにした。その際、旧幕軍の一部の兵士が淀藩の寝返りを恨《うら》み、腹いせに建物に火を放っていったという。

▼上洛して謹慎生活に入る

こうして稲葉正邦は、将軍の留守政権を預かる老中という立場にありながら、自らの意志でなかったとはいえ自身の藩が徳川家に対し反旗をひるがえすことになってしまった。

その後、徳川慶喜が上野寛永寺《かんえいじ》で謹慎することが決まると、稲葉正邦は慶応四年（一八六八年）二月二十一日付で老中の任を解かれる。当時、五〜六人いた老中・老中格の中では最後まで務めたことがわかっている。これは役目上の後始末をしていたからで、それだけ稲葉が能吏《のうり》だった証拠と言えよう。

稲葉はその後、上洛して謹慎生活に入り、新政府に恭順の姿勢を貫く。ところが、かつて京都所司代を経験したという稲葉の経歴を惜しんだ新政府から京都市中の警備を命じられる。さらに、版籍奉還《はんせきほうかん》によって三十六歳のときに淀藩知事（県知事の前身）となり、明治四年（一八七一年）の廃藩置県《はいはんちけん》で免官されるまでその任にあった。

維新後、旧佐幕派の間では鳥羽・伏見の戦いで旧幕軍が敗れたのは淀藩のせいであるかのように言われ、稲葉自身にも相当きつい風当たりがあったようである。そんな稲葉は淀藩知事を辞めた後、神道に深く傾倒し、神道事務局の初代管長を務めるなど明治初期の神道の発展・整備に大きく寄与したことでも名を残している。明治三十一年（一八九八年）七月没。享年六十五。

後北条氏最後の当主・北条氏直

後北条氏を滅亡に導いた「最後の君主」北条氏直の〝その後〟

戦国乱世の扉を押し開き、現在の神奈川県小田原市に「後《ご》北条《ほうじょう》政権」を打ち立てた北条早雲《そううん》。この後北条政権は五代目の氏直《うじなお》まで約百年間にわたって受け継がれ、ほぼ関東一円を支配し続けた。しかし、豊臣秀吉《とよとみひでよし》の登場で政権はあえなく崩壊した。はたして最後の氏直は本当に史上稀《まれ》にみる暗愚《あんぐ》な為政者《いせいしゃ》だったのだろうか。

▼最盛期には二百四十万石を領する

NHK大河ドラマ「鎌倉殿の13人」では、源頼朝《みなもとのよりとも》が樹立《じゅりつ》した武家政権を陰で操る存在として北条氏《ほうじょう》が取り上げられたが、時代は下って戦国時代に別系統の北条氏が関東は相模国《さがみ》（神奈川県）の小田原に登場したことはご存じのとおり。

それぞれの北条氏は混同を避けるため、一般に鎌倉期の北条氏を「鎌倉北条氏」、戦国期の北条氏を「後北条氏」、または「小田原北条氏」と呼んで区別されることも、これまたご存じのはずである。

後北条氏は、戦国乱世の扉を押し開いた人物とされる下剋上《げこくじょう》の申し子、北条早雲《そううん》を初代とし、以来、氏綱《うじつな》→氏康《うじやす》→氏政《うじまさ》→氏直《うじなお》と五代にわたって継承された。二代氏綱の治世下ではすでに南関東をほぼ手中に収めるほどで、最後の氏直までのおよそ百年間、周辺の有力武将と覇権《はけん》争いを繰り返しながらも関東の支配者として君臨し続けたことは疑いのない事実である。

そんな早雲以来の五代続いた後北条氏を攻め滅ぼした人物こそ、言うまでもなく豊臣秀吉《とよとみひでよし》である。秀吉による「小田原合戦」によって、最盛期には二百四十万

■後北条氏プロフィール

〈初代〉
北条早雲《そううん》
(生 1456 ?～没 1519)

小田原を拠点に5代100年にわたる後北条氏の繁栄の礎を築く。戦国乱世の幕を開けた人物とも言われる。出生年など出自は今もはっきりしていない。彼自身、北条早雲を称したことはなく、通称の「伊勢新九郎」、入道後は「宗瑞(そうずい)」を名乗った。

↓

〈2代〉
北条氏綱《うじつな》
(生 1487～没 1541)

現代でもよく使われる「勝って兜の緒を締めよ」の遺言でも知られる人物。初代が初代だけに印象は薄いが、この氏綱、初代に劣らずやり手で、家臣団と領民を統制し南関東のほぼ全域を手中に収めたのは紛れもなく彼の働きだった。

↓

〈3代〉
北条氏康《うじやす》
(生 1515～没 1571)

検地を行うなど領国支配の体制を本格的に整えた有能な為政者だが、半面、戦に強く上杉謙信や武田信玄の進攻を何度も追い返した。生涯36度の合戦で一度も敵に背を見せなかったという。特に日本三大奇襲戦とされる「河越夜戦」は名高い。

↓

〈4代〉
北条氏政《うじまさ》
(生 1538 ?～没 1590)

「汁かけめし」の逸話で知られる人物。後世、無能のレッテルを貼られたが、「評定」と呼ばれた合議システムを取り入れるなど組織の官僚化を推し進めた。しかし、のちにそれがアダとなり、豊臣秀吉に小田原城を攻められ、自刃。

↓

〈5代〉
北条氏直《うじなお》
(生 1562～没 1591)

19で家督を継ぐが、実権は父氏政が握っていた。「小田原合戦」では秀吉によって助命され、高野山に追放される。のち豊臣系大名として復活するも、大坂で病死。享年30。為政者の器の持ち主だったが惜しいかな虚弱体質だったと言われている。

石の版図《はんと》を誇った後北条氏はあえなく滅亡した。

この後北条氏の失敗は、ひとえに五代氏直の決断力の欠如がもたらしたものだと言われている。多くの史料で語られるように、氏直という人は乱世にはふさわしくない暗愚《あんぐ》な当主だったのだろうか。後北条氏滅亡の顚末《てんまつ》を追った。

▼父氏政は「汁かけ飯」の逸話で知られた暗君？

北条氏直が後北条氏の第五代当主の座についたのは、天正《てんしょう》八年（一五八〇年）八月。父氏政が隠居したことでその座が次男である十九歳の氏直に回ってきたのだった（氏直の兄は夭折《ようせつ》）。天正八年といえば、織田信長《おだのぶなが》が非業《ひごう》の死を遂《と》げた「本能寺の変」が起こる二年前のことである。

四代氏政が嫡子《ちゃくし》氏直に家督《かとく》を譲ったときは働き盛りの四十三歳。この氏政に関しては後世、その人物評価はあまり芳《かんば》しいものではない。早い話、子の氏直同様、暗君だというのである。そのことを物語る、こんな逸話が伝わっている。

氏政がまだ若かりし頃の話である。食事をしていて、いつものように飯《めし》に汁をかけて食べようとしたが、一度汁をかけて少ないと思ったらしく、もう一度汁をかけ足した。それを見ていた父氏康（三代当主）が、「毎日、食事をしておきながら一度にかけるちょうどよい汁の量もわからないとは……。これでは行く末、到底この小田原を治めていくことはかなわないだろう」と慨嘆《がいたん》したという。

ほかにも、氏政は高貴な育ちゆえに麦飯ができるまでの過程を知らなかった、という逸話もあるが、こうした氏政に負の印象を植え付けようとする逸話はすべて後世の創作だと言われている。

▼氏政、信長に政略結婚を持ち掛ける

氏政の代には、甲斐《かい》国（山梨県）の武田氏や越後《えちご》国（新潟県）の上杉氏らとの関係が悪化し、さらに足元の関東でも常陸《ひたち》国（茨城県）の佐竹義重《さたけよししげ》ら反後北条勢力との間で抗争を繰り広げていた。まさに小田原は四面楚歌《そか》の状態だった。そうした苦境にあって氏政は硬軟取り混ぜた外交手腕を発揮し、名君とうたわれた先代氏康の名を辱《はずかし》めない領国経営を行っていたのである。

その後、織田信長が登場し、天下の覇権《はけん》をつかみかけると、氏政は後北条一族の安泰を図るため、信長にすりより、従属《じゅうぞく》することを決意する。当時、小田原は信玄《しんげん》の後継者となった武田勝頼《たけだかつより》の猛攻を受けていたため氏政は信長の力を借りて勝頼に対抗しようとしたのである。

氏政は信長に従属する証《あかし》として、氏直の正室に信長の娘を迎え入れたいと申し出る。つまり、政略結婚を持ち掛けたのである。ところが、この縁談は遅々として進まなかった。そこで、業を煮やした氏政は、自らは隠居して氏直に家督を譲ることで交渉を進展させようと考えたようである。

氏直に家督を譲ったと言っても、実権は陰でしっかり氏政が握っていたとみられている。そのうち信長は氏政の肚《はら》の内を知ってか知らでか、疾風《しっぷう》の如く甲州征《せい》伐《ばつ》に乗り出し、瞬《またた》く間に宿敵の甲斐武田氏を滅ぼしてしまった。

▼小田原征伐を断行した秀吉の真意とは

頭上の重しが取れたことで喜んだ氏政・氏直父子《おやこ》は、戦勝祝いと称して信長のもとに使者を遣《つか》わせ、駿馬《しゅんめ》を献上している。ところが信長はなぜかそれを突き返したという。このとき父子は信長の真意がわからず、きっと不気味に感じたに違いない。天正十年（一五八二年）三月下旬の出来事である。むろん、信長の娘が小田原に輿《こし》入れするという話も立ち消えとなってしまった。

同年六月二日、京都本能寺で信長が斃《たお》れると、その後継者となった豊臣（羽《は》柴《しば》）秀吉が小田原後北条氏の新たな敵として立ちはだかることになった。それも、これまでの上杉や武田とは比べ物にならない強大な権力を有する相手だった。

九州征伐を成し遂げた秀吉は天正十八年（一五九〇年）二月、小田原進攻を開始した。戦《いくさ》の名目としては、後北条氏が勝手に上野《こうずけ》国（群馬県）の沼田領に侵攻したことをあげ、そのことが、秀吉が発した「惣無事令《そうぶじれい》」（大名間の私闘を禁じた法令）に違反するうえ、釈明の機会を与えたにもかかわらず氏政・氏直父子が上洛《じょうらく》しなかったことを秀吉は問題視したのであった。

しかし、秀吉にとって小田原征伐の真の狙いは関東の盟主として永年君臨してきた後北条氏の存在が目障りでたまらず、一刻も早くこの地上から抹殺したかったのだ。特に、後北条氏と徳川氏は縁戚関係にあり（氏直の正室督姫《とくひめ》は家康の娘）、この二大勢力が結託し、いつ自分に対し牙を剥《む》いてくるか知れたものではなかったからだ。

▼名門ゆえの矜持が邪魔を

氏政・氏直父子が沼田に侵攻したのも、開戦の大義名分を得るために裏で秀吉が糸を引いてそう仕向けたのではないか、という陰謀説もあるくらいだ。この説が本当だとすれば、父子はまんまと秀吉の手のひらで踊らされたわけである。

それはともかく、父子が開戦の前に上洛して秀吉の前に膝を屈していれば、家康のとりなしも期待でき、小田原は攻め込まれずにすんだかもしれないのだ。それをしなかったのは、「われらは五代にわたる関東の支配者。きのうまで信長の小者だった男に臣従《しんじゅう》などしてたまるものか」という名門ゆえの矜持《きょうじ》が邪魔をしたからであった。

さらに付け加えるならば、自分たちが「戦国最強の城」と信じて疑わない小田原城の存在があった。城下全体を周囲九キロメートルもの防塁《ぼうるい》で囲むというこの巨大な城に籠《こも》って戦えば、秀吉軍など怖るるに足りず、とタカをくっていたのだ。事実、これまでにあの上杉謙信や武田信玄らの猛攻でさえも凌《しの》いできていただけに、城の防御力を過信してしまったのも無理はなかったのである。

しかし、相手は氏政・氏直父子の予想を上回る百戦錬磨の戦上手だった。秀吉は二十二万もの大軍で蟻《あり》のはい出る隙間《すきま》もないほどに城を包囲し、水軍を動員して海上封鎖まで行ったのだ。しかも、周辺に点在する韮山《にらやま》城や忍《おし》城、八王子城などの小田原本城の支城を次々と攻略し、手足を一本、また一本ともぎとっていったのである。

▼秀吉から命を助けられ高野山へ送られる

進攻開始から約五カ月後の七月上旬になり、後北条方は、最後の頼みの綱であった家康の助力も得られず、ついに降伏・開城を受け入れる。氏直は秀吉に自らの切腹と引き換えに城兵の命乞《ご》いを申し出た。

秀吉は氏直の潔い態度に感銘を受け、その申し出を快諾、そのうえで氏直の命も奪わず、高野山に籠って謹慎するよう命じた。しかし氏政だけは許さず、切腹を命じた。享年五十三。

氏政という人はのちに言われたほどの暗愚の当主ではなかった。むしろ、一族の歴史の中では最大版図を築いたほどの乱世にふさわしい武将であった。ところが、己の力を過信し、強大な敵（秀吉）に向かって蟷螂《とうろう》の斧《おの》を振り上げたがために、その一事をもって後世、暗愚のレッテルを貼られてしまったのは何ともかわいそうである。

さて、高野山に入った後北条家最後の当主・氏直のその後だが、半年もたつと舅《しゅうと》の家康を通じて秀吉に赦免《しゃめん》を願い出るようになる。これは推測だが、由緒ある後北条家を自分の代で消滅させてしまうことに耐えられなくなったのだろう。

秀吉はこの嘆願を聞き入れ、赦免を伝えたうえで大名（禄高一万石）に復活させている。その後氏直は秀吉の命令で大坂に移り住み、秀吉の旗本として大坂城に出仕する日々を過ごした。

▼氏直、三十の若さで病死する

かつては関東一円ににらみを利かせていた二百四十万石の太守から、わずか一万石の泡沫《ほうまつ》大名へと転落したものの、久方ぶりに平穏な日々が訪れ、ほっと安堵《あんど》した氏直だったが、それも束の間、氏直は病気（疱瘡《ほうそう》＝天然痘）にかかり、大坂であっさり亡くなった。小田原合戦の翌年、天正十九年十一月四日のことだった。享年三十。

氏直には嫡子がいなかったため、秀吉は氏直の従弟《いとこ》にあたる北条氏盛《うじもり》に跡を継がせた。のちに氏盛は「関ヶ原の戦い」の際の活躍が家康に認められ、河内国《かわち》（大阪府の南東部）狭山《さやま》藩一万一千石に封ぜられている。結局、この狭山藩後北条氏は無事明治維新を迎えることができた。栄光ある後北条氏の名を後世に伝えるという氏直の悲願はかなったわけである。

早く亡くなったため、氏直の人物像は詳しくわかっていないものの、秀吉や家康もその器量を認めていたという記録もある。氏直が五代目に決まってからというもの、父の氏政は隠居したとはいえ、氏直の行動に常に厳しく目を光らせていたようである。これでは新当主とは名ばかりで、おそらく氏直は自分がやりたいことの半分もやれなかったに違いない。

この小田原合戦では、「小田原評定《ひょうじょう》」という諺《ことわざ》が生まれている。秀吉軍が小田原に攻め込んでくると知り、城内では徹底抗戦を貫くのか、和平の道を探るのか。さらにまた、戦うと決めた場合、城に立て籠もるのか、出撃するのか——連日談合（評定）を繰り返したが、結論を導き出すことはできなかったという。

このときのように、時間をかけてもなに一つ決まらない無駄な話し合いのことを後世の人が小田原評定と呼んで揶揄《やゆ》したわけである。

上が氏直と氏政という二頭体制にあっただけに、下の家来たちに意思統一を期待するほうが無理というものだ。氏直も氏政も大所帯であることに胡坐《あぐら》をかき、いざ緊急事態に直面するや、周囲の顔色ばかり窺《うかが》っていたのだろう。

氏直が隠居した氏政を押しのけ、もう少し強い統率力《リーダーシップ》を発揮していたならば、後北条氏の名はもっと違った形で後世に伝わったかもしれない。

盛岡藩〝最後の武士〟・楢山佐渡

奥羽越列藩同盟に殉じた「最後の武士」楢山佐渡の数奇な運命

江戸幕府の最晩年、東北などの諸藩が新政府に対抗するため一致団結する。「奥羽越列藩同盟《おううえつれっぱんどうめい》」である。しかし、強大な相手には抗しがたく、一藩、また一藩と脱落する。最後まで同盟に殉じたのが、南部《なんぶ》盛岡《もりおか》藩。当時、この盛岡藩を主導する立場にあり、「最後の武士《もののふ》」と称された盛岡藩主席家老・楢山佐渡《ならやまさど》の反骨の生きざまを追う。

▼会津藩と庄内藩を救うため

徳川幕府の崩壊を決定づけた「戊辰《ぼしん》戦争」が起こった際、東北などの諸藩が新政府に対抗するために一致団結するという出来事があった。当初は新政府から朝敵と名指しされた会津《あいづ》藩と庄内《しょうない》藩の赦免《しゃめん》嘆願を行うのが目的だった。

ところが、新政府は強硬で、その嘆願を拒否し、あくまでも会津、庄内両藩の征討《せいとう》にこだわったことから、東北などの諸藩は自衛策として反新政府の軍事同盟を結ぶことになった。それが「奥羽越列藩同盟《おううえつれっぱんどうめい》」である。

慶応四年（一八六八年）五月三日、東北二十五藩の重臣が仙台に集結し、仙台藩を盟主として同盟を締結《ていけつ》。さらに会津藩と盟約を結んでいた新発田《しばた》藩ら北越六藩がこれに加わり、三十藩をこえる大同盟となった。

ところが、その後、同盟の足並みがそろうことはなく、新政府軍と単独で戦って敗れたり、戦う前に降伏したりする藩が続出、結成から四カ月が過ぎて九月を迎えたころにはすでに同盟は瓦解《がかい》の危機を迎えていた。

そのうち、同盟を主導する立場の二大藩、米沢藩と仙台藩が降伏。列藩同盟も風前の灯火《ともしび》となったが、それでもなお新政府軍への抵抗をやめない藩があった。南部《なんぶ》盛岡《もりおか》藩である。このころ、盛岡藩の実権を握っていたのは主席家老の楢山佐渡《ならやまさど》という人物だった。

なぜ楢山佐渡は崩壊寸前の列藩同盟にこだわり、新政府軍との戦いを放棄しようとしなかったのだろうか。奥州人特有の粘り強さと反骨精神を持ち、「最後の武士《もののふ》」と称された男の足跡をたどった。

▼藩主家一門から登場した佐渡

南部氏の歴史は古い。もともとは清和源氏《せいわげんじ》武田氏の分かれで、平安時代後期の武将、南部光行《なんぶみつゆき》を祖とする。源頼朝《みなもとのよりとも》の家来であった光行は、「石橋山の戦い」での戦功が評価され、甲斐国《かいのくに》（山梨県）南巨摩《こま》郡南部邑《なんぶむら》を給される。

その後、奥州平泉の藤原氏討伐《とうばつ》にも戦功があり、陸奥国《むつのくに》糠部《ぬかのぶ》五郡の土地（現在の青森県から岩手県にかけての広大な地域）を頼朝から与えられる。以来、南部氏は明治維新を迎えるまで七百年近くもその地を治めた。

日本史上、これほど長い期間、同一の国・地域を治めた一族は、ほかに相馬《そうま》氏（本拠地は現在の福島県東部）、相良《さがら》氏（同・熊本県南部）、宗《そう》氏（同・対馬）、島津《しまづ》氏（同・鹿児島県西部）があるくらいで、海外を見回しても極めて異例だった。

江戸期の幕末となり、奥羽越列藩同盟が締結された慶応四年ごろに盛岡藩の藩主を務めていたのは、「盛岡中将」と呼ばれた第十四代・南部利剛《としひさ》であった。利剛という藩主は性格が温和で争いごとを好まず、政治は重臣任せだった。なかでも、主席家老の地位にある楢山佐渡が藩政を取り仕切る主導的立場にあった。

楢山家は南部氏の一門として代々家老職を務める名家だった。佐渡は天保二年（一八三一年）五月の生まれ。家老になったのは二十三歳の若さだった。就任してすぐ、藩の屋台骨を揺るがす大事件に直面している。

▼大規模一揆を鎮めるため剛腕をふるう

その大事件とは、ペリー来航《らいこう》の年（嘉永《かえい》六年＝一八五三年）、現在の釜石を含む三陸沿岸地域で勃発した「三閉伊一揆《さんへいいいっき》」のことである。

この年の一揆は三閉伊一揆としては二回目で、最初の三閉伊一揆は六年前の弘《こう》化《か》四年（一八四七年）に起きていた。嘉永六年の二回目の一揆では前回の二倍近い一万六千〜二万人もの民衆が参加するという日本史上稀《まれ》に見る大規模なものとなった。

一揆の原因だが、度重なる冷害による凶作に加えて、藩が幕府から軍役《ぐんえき》負担を命じられたことで、農民・漁民たちが重税としてそのしわ寄せをまともに食らうことになり、不満が一気に暴発したからであった。

そこで一揆を鎮静化するために、大胆な藩政改革に着手したのが、楢山佐渡であった。当時、藩政は第一次三閉伊一揆が起きたときに責任をとって隠居した第十二代藩主・南部利済《としただ》の院政状態で、この利済という人は凶作の中でも奢侈《しゃし》と増税をやめず圧政を敷いた君主として藩史に名を残している。

佐渡は、まずこの利済を政治の表舞台から遠ざけると、次に利済派の重臣を一掃する。さらに、一揆勢の要求の大半を受け容《い》れて年貢の減免を実施したほか、一揆指導者の処分も一切行わないと発表するなど大胆な対策を次々と打ち出したのである。こうして佐渡の剛腕によって古今未曽有《みぞう》の大規模一揆は沈静化したのだった。

▼褞袍姿で牛鍋をつつく西郷隆盛

慶応四年（一八六八年）二月、楢山佐渡は二百人余の藩士を引き連れ、「鳥《と》羽《ば》・伏見《ふしみ》の戦い」が終わったばかりの京都に向かう。これは、市中にしばらくは混乱が続くことが予想され、その間、御所を警備してほしいと朝廷から依頼を受けたからであった。もっとも、佐渡自身、御所の警備よりもっと大切な役目を己《おのれ》に課していた。

将軍から天皇へ——ほんの数カ月前に政権交代が行われたばかりの京都は今や政治の中心地だった。そんな時代が大きく動こうとしている沸騰現場を自らの目でつぶさに見て回り、そのうえで盛岡藩として旧幕府側につくか、薩長の新政府側につくか決めても遅くはないと考えたのである。

ところが、佐渡が数カ月間の京都滞在で受けた薩長の印象は最悪だった。たとえば、こんなことがあった。佐渡が西郷隆盛に面会するため薩摩藩邸に出向くと、西郷は褞袍《どてら》姿となり、屋敷の中庭で藩士たちと車座になって牛鍋をつついている最中だった。西郷は客人（佐渡）が、それも一藩を代表して高官が訪ねてきたというのに、衣服を改める様子もなく、藩士たちと一緒になって「うまかー」と騒いでいた。あげくには一緒に食べろとしきりにすすめてきたという。

それに対し佐渡はいたって生真面目《きまじめ》に、高名な西郷から盛岡藩の行く末について助言をもらおうとしたところ、西郷は一言、「勝手にすればよいさ」。

▼岩倉具視に焚き付けられる

「あれでも武士か。あれでも新政府の領袖《りょうしゅう》か……」

と、大いに落胆した佐渡は薩摩藩邸を出て、その足で今度は、公家《くげ》を代表する倒幕派の岩倉具視《いわくらともみ》の屋敷に向かった。このときの佐渡と岩倉の会見の内容は明らかになっていないものの、一説に、奥羽諸藩が連合して薩長を押さえ込んでくれるよう、岩倉から頼み込まれたと言われている。

薩長の手を借りて政権交代を果たしたまではよかったのだが、その後、薩長の田舎侍どもはこの京都で権勢を笠に着て好き勝手に振る舞い出した。朝廷にとってこうした想定外の状況は実に嘆かわしい事態だった。今、薩長に対抗できるのはあなたがた奥羽だけなのだ。どうか、主上《しゅじょう》（天皇のこと）の憂《うれ》いを取り払ってほしい。

そう言って、佐渡を焚《た》き付けたという。長年にわたり、公家仲間や薩長を相手に虚々実々の駆け引きを繰り広げてきた策謀家・岩倉にとって田舎の藩の一家老を手玉にとることくらい朝飯前だったはずだ。

岩倉はこのとき、朝廷が政権を完全に握るために朝廷の意のままに動く薩長の対抗勢力を手に入れようとでも思ったに違いない。このときの会見で佐渡がどんな感想を持ったのか気になるが、どこにも記録は残されていない。しかし、佐渡は帰国後、京都で見聞した薩長侍の傍若無人《ぼうじゃくぶじん》ぶりが我慢ならなかったらしく、すぐに反新政府を藩論としてまとめ上げ、列藩同盟への参加継続を決めたのだから、岩倉との会見がその決定にまったく影響していなかったと言えば嘘になろう。

▼最新兵器に押される盛岡藩兵

その後、盛岡藩は、奥羽越列藩同盟を離脱して新政府軍に加わった久保田藩《くぼた》（秋田藩）佐竹《さたけ》氏を攻めるため列藩同盟軍に参加、八月二十二日には佐渡の指揮によって大館《おおだて》城（久保田藩の支城）を落とすことに成功している。

盛岡藩兵はその勢いのまま今度は本城・久保田城を目指して南下する。ところがその途中に久保田藩兵を含む新政府軍（佐賀藩兵）と遭遇し、一進一退の激戦となる。盛岡藩兵は佐渡の指揮の下、よく奮戦したが、如何《いかん》せん、相手はアームストロング砲など最新の銃砲で武装しており、ジリジリと押し戻されていった。結局こうした新政府軍優勢の戦いは九月二十日ごろまで続いた。所有する銃砲の彼我《ひが》の差は明らかなのにこの盛岡藩兵の粘り腰は驚異的だった。

しかし、それも限界がある。佐渡たち盛岡藩兵が久保田城攻めに苦戦している間に、新政府から朝敵と名指しされた会津藩と庄内藩をはじめ、列藩同盟を成していた米沢藩、仙台藩、福島藩、山形藩、天童藩などが次々と降伏し、同盟は壊滅状態になった。この時点で最後まで抵抗をやめなかったのは南部盛岡藩ただ一藩だった。

盛岡藩が降伏を受け容れたのは九月二十五日のことで、藩主南部利剛は東京での謹慎生活を命じられる。家老の楢山佐渡も東京に送られ、こちらは天皇と新政府に対する反逆首謀者――逆賊であるとして禁錮刑に処された。

▼佐渡の反骨精神を受け継ぐ者たち

降伏した翌年の明治二年（一八六九年）六月二十三日、故郷盛岡に護送された佐渡は、報恩寺《ほうおんじ》という寺で首を刎《は》ねられ、生涯を終えた。享年三十九。盛岡に戻ってきたときは大勢の人々が涙を流しながら沿道で出迎えたという。また、死の直前、佐渡は故郷で死ぬことができ、しかも敗戦の罪を一身に背負って死ぬことができ、これ以上の喜びはない、と晴れやかな表情で周囲に語ったそうである。

刑が執行された時刻、寺の周囲を泣きながら走り回る一人の少年がいた。少年は佐渡同様、盛岡藩の家老職を務める家から出ており、このとき十四歳。生前の佐渡の姿を目に焼き付けるため、なんとかして寺の中を覗《のぞ》こうとしていたのだ。

この少年こそ、のちに、それまでの公家と薩長土肥《さっちょうどひ》の藩閥《はんばつ》の壁を壊し、わが国最初の本格的政党内閣を樹立《じゅりつ》することになる「平民宰相《さいしょう》」こと、原敬《はらたかし》であった。原は少年時代に芽生えた薩長に対する反骨精神を胸の中で温め続けたからこそ、政治家として成功をつかみ取ることができたのであろう。

楢山佐渡の時流に流されず、不器用ながらも武士としての生きざまにこだわり抜いた反骨精神は次代にしっかり受け継がれていたのである。

大奥最後の御年寄・瀧山

大奥「最後の御年寄」が立ち会った江戸城明け渡しの顚末

かつて江戸城に存在した男子禁制の場所——大奥。最盛期には千五百人もの女性がここで起居《ききょ》を共にし、立ち入ることが許された唯一の男性、将軍家に奉仕していた。幕府が瓦解《がかい》した日、大奥はその日をどのように迎えたのだろうか。そして、大奥の実質的な最高権力者であった「御年《おとし》寄《より》」はその後の人生をどう生きたのだろうか。

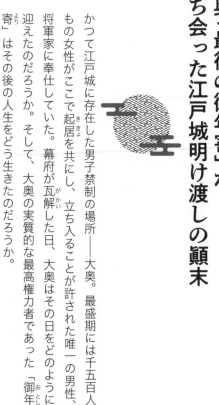

▼奥女中一千人の頂点に君臨

かつて江戸城には、大奥と呼ばれる女の園《その》が存在した。その存在意義だが、早い話、将軍家一人のための「お世継ぎ生産工場」であった。

江戸城本丸御殿《ごてん》の内部は主に「表」「中奥《なかおく》」「大奥」の三つに分かれていた。表は幕府の中央政庁といった位置づけで、諸大名が将軍に謁見《えっけん》するための大広間や諸役人が政務を執《と》る詰所《つめしょ》などが並んでいた。中奥は将軍の居住空間で、将軍は普段、ここで寝起きし、政務も行った。この表と中奥を合わせて約五千坪の広さがあった。

その二つを合わせた広さを軽く超える六千三百坪もの面積を占めていたのが、将軍のプライベート空間である大奥だ。

二代将軍・徳川秀忠《とくがわひでただ》の時代に原型が誕生したとされているが、実際は三代将軍・徳川家光《いえみつ》の乳母であった春日局《かすがのつぼね》が、「男子禁制」「暮六つ以降は出入りを禁じる」など独特の法度《はっと》（おきて）を設け、基盤を整備したことに始まる。

この広い空間に正確な人数はわからないが、常に千～千五百人もの女性が起居《ききょ》

	役職	備考
御目見以下	御三之間《おさんのま》	新規採用の者が配属。上級女中の雑用をこなした。
	御仲居《おなかい》	御膳所（台所）ですべての調理を担当した。
	火之番《ひのばん》	大奥の各部屋を巡回して火の元を管理した。
	御茶之間《おちゃのま》	御台所だけの係で御台所の食事の湯茶を調えて届けた。
	御使番《おつかいばん》	大奥から外に出る玄関「下の御錠口」の守衛係。
	御末《おすえ》	掃除、風呂、水汲みなど大奥のすべての雑用を担当。御端（おはした）とも。

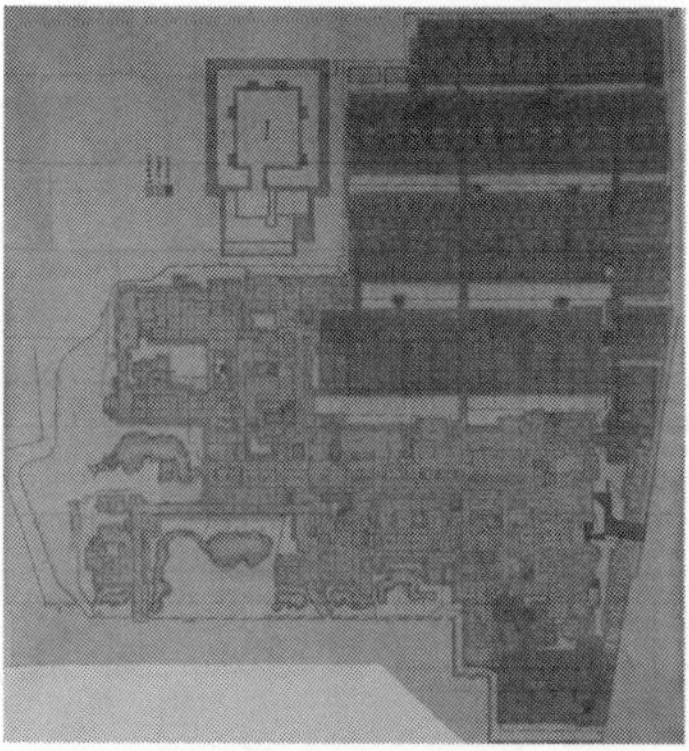

■江戸城本丸大奥総地図

出典 :ColBase (https://colbase.nich.go.jp)

江戸城本丸の奥向きを示した絵図。上方左側の白いマスが天守台。網掛けの薄い部分は主に御台所《みだいどころ》などが居住する御殿群。網掛けの濃い部分はすべて大奥女中たちの宿舎（2階建ての長屋、長局向《ながつぼねむき》とも称す）だった。

■大奥女中の役職と仕事内容

		役　職	備　考
御目見以上	一生奉公	上臈御年寄《じょうろうおとしより》	最高権力者だが、実権はない。多くは御台所の輿入れに付き添ってきた公家の娘。御台所の話し相手にすぎなかった。
		小上臈《こじょうろう》	上臈御年寄の見習い。公家出身が多い。10歳ごろから上臈御年寄の部屋で一緒に生活しながら経験を積む。
		御年寄《おとしより》	大奥の全体を取り仕切る実質的な最高権力者。老女とも言う。その権力は表の老中に匹敵したとも言われている。
		御客会釈《おきゃくあしらい》	尾張・紀伊・水戸の御三家や田安・一橋・清水の御三卿、諸大名の女使者の接待を担当した。御年寄出身が多い。
		中年寄《ちゅうどしより》	御台所付き御年寄の代理。御台所の毎日の献立を指示し、配膳の検査や毒味も受け持った。
		御中臈《おちゅうろう》	食事や入浴、トイレなど将軍・御台所の身の回りを世話した。将軍付きから、いわゆる「お手付き」が出た。
		御小姓《おこしょう》	御台所の小間使い。高級旗本から選ばれた10代半ばの少女が多かった。将軍が中奥で食べる場合は給仕にも出た。
		御錠口《おじょうぐち》	中奥と大奥を仕切る「上の御錠口＝御鈴廊下」の出入りを管理。中奥との連絡係も務めた。
		御表使《おもてづかい》	御広敷役人と交渉し大奥の買い物を担当した。
		御右筆《ごゆうひつ》	日記や大名家への書状など一切の文章を執筆・管理。
		御次《おつぎ》	献上品や茶道具、膳部など諸道具を管理。
		御切手書《おきってがき》	大奥女中が外出時に通る「七つ口」を取り締まった。
		呉服之間《ごふくのま》	将軍や御台所が着用する衣服の裁縫係。
		御坊主《おぼうず》	将軍の雑用係。将軍の床入りの際の監視役にも。
		御広座敷《おひろざしき》	御表使の下働き。御三卿や諸大名の女使者を世話した。

を共にしていたという。最下級は「御末《おすえ》」または「御端《おはした》」と呼ばれた雑用係で、その上には実に様々な職種の女性が働いていた。

もちろん彼女たちの頂点に君臨するのは将軍の御台所《みだいどころ》（正室、正妻）だ。その次は表の「老中並み」とまで言われた「御年寄《おとしより》」である。幕閣《ばっかく》も手を出せないこの女の園にあって、幕府が瓦解《がかい》した際の江戸城明け渡しに立ち会うことになった最後の御台所、最後の御年寄は一体何を考え、いかに行動したのだろうか。

▼公家の姫を迎えて公武融和を

御台所とは本来、宮中にあった調理室兼配膳室を指す「台盤所《だいばんどころ》」から生まれた言葉だという。やがて台盤所は女官たちの詰所を意味する言葉へと変化していく。最初に御台所を将軍の正室を指す呼称《こしょう》として用いたのは、鎌倉幕府を開いた源頼朝《みなもとのよりとも》の妻・北条政子《ほうじょうまさこ》で、以降、室町幕府や江戸幕府もそれを踏襲《とうしゅう》した。

歴代の徳川将軍家の御台所は、元はどんな身分だったのか調べてみると、初代家康と二代秀忠は別にして、それ以外の将軍の御台所（継室《けいしつ》＝後妻＝を含む。また、七代家継《いえつぐ》の場合は夭折《ようせつ》したため婚約にとどまる）は、①摂家《せっけ》の姫②世襲親王《しんのう》家《け》の姫③皇女――のうちいずれかから迎えられるのが慣例だった。それだけ幕府としては京都から公家の姫を御台所に迎え入れることで公武融和を図る狙いがあったのだ。

そうした公家出身の御台所の中には、歴史に名を残した女性も少なくない。たとえば、六代将軍家宣《いえのぶ》の御台所・近衛熙子《このえひろこ》（父は関白太政《だいじょう》大臣・近衛基熙《もとひろ》、母は後水尾《ごみずのお》天皇の皇女）をご存じだろうか。結婚後、家宣に先立たれると落飾《らくしょく》して天英院《てんえいいん》と号したが、こちらの名前のほうがよく知られているようだ。

大奥内では、家宣の側室にして七代将軍家継の生母でもある月光院と権力闘争を繰り広げていて、目障りな月光院を失墜《しっつい》させるために月光院の腹心であった御年寄江島《えじま》を罪に陥《おとしい》れた（「江島生島《いくしま》事件」）とも言われている女性だ。

▼徳川家のため嫁と姑がタッグを組む

江戸時代後期、十三代将軍家定《いえさだ》の御台所であった近衛敬子《すみこ》も有名だ。そう、N

HK大河ドラマの主人公にもなった篤姫《あつひめ》（家定が亡くなってからは天璋院《てんしょういん》と号す）のことだ。彼女は薩摩藩《さつまはん》島津《しょづ》家の一門に生まれた。のちに将軍の嫁は公家から迎えるという慣例に倣《なら》い、近衛家の養女を経て、二十一で家定に嫁《とつ》いだ。

その後、家定が急死し、二年弱で結婚生活を終えると、十四代将軍家茂《いえもち》の御台所として大奥に入ってきたのが、皇女和宮《かずのみや》（静寛院宮《せいかんいんのみや》）であった。嫁姑《よめしゅうとめ》の関係だった天璋院と和宮の二人は最初こそ生活習慣の違いもあって関係はぎくしゃくしていたが、世の中の趨勢《すうせい》が風雲急を告げ始め、やがて戊辰《ぼしん》戦争が勃発《ぼっぱつ》すると、二人はタッグを組み、徳川家を後世に存続させるという共通の目的のために島津家や朝廷に対し必死の嘆願《たんがん》運動を展開するのだった。

こうした二人の嘆願運動がなければ徳川家の存続は危うかったと言われている。天璋院も和宮も、いったん徳川家に嫁いだ以上、徳川家を守り抜くことが自分たちの使命であると腹をくくっていたのだろう。二人の御台所は武器をとって戦いに加わったわけではないものの、まさに徳川家にとっての大恩人であった。

この皇女和宮からバトンを渡された女性こそ、十五代将軍慶喜《よしのぶ》の正室、つまり徳川将軍家最後の御台所・一条《いちじょう》美賀子《みかこ》であった。

▼二人の関係を冷え込ませた要因とは

一条美賀子は公卿《くぎょう》（上級公家）の今出川公久《いまでがわきんひさ》の娘。公久が美賀子をもうけてすぐ病死したため、美賀子は同じ公卿であった一条忠香《いちじょうただよし》の養女となる。ちなみに、この一条忠香という人は明治天皇の皇后・昭憲皇太后《しょうけんこうたいごう》の実父にあたる。

美賀子と慶喜との婚約は嘉永《かえい》六年（一八五三年）五月。翌月、ペリー提督に率いられた黒船艦隊が浦賀に来航している。二人が正式に結婚したのはその二年後、安政二年（一八五五年）十二月のことで、美賀子二十一、慶喜は二つ下の十九だった。

若い夫婦の仲は最初からけっして良いものではなかった。なぜなら、もともと慶喜には別の婚約者（一条忠香の娘）がいたのだが、その女性が婚儀《こんぎ》直前に病《やまい》にかかり、急きょその代わりとして美賀子に白羽の矢が立ったからだった。そのことに対し美賀子は、自分が年上であるという引け目もあり、「しょせん、自分は代役……」と捨鉢《すてばち》になり、慶喜に心を開こうとはしなかったのである。

かてて加えて、若い慶喜の傍《かたわ》らには常に慶喜の義理の祖母にあたる女性、徳信院《とくしんいん》（一橋徳川家七代当主・慶壽《よしひさ》の未亡人）が侍《はべ》っていて、そのことが美賀子の癇《かん》に障《さわ》ったのだ。徳信院は慶喜の七つ年上だった。二人の間に男女の関係があったかどうかは不明だが、二人が一室に籠って親しげに談笑していたりすると、逆上した美賀子がそこに踏み込んで怒鳴り散らすということが一再《いっさい》ならずあったらしい。

▼十年を超えてしまった別居生活

それでも結婚して三年目の安政五年七月、美賀子は女児を出産する。妻として母としてようやく穏やかな日常が訪れると安心した矢先、女児は誕生からわずか数日で急死してしまい、それ以後、夫慶喜との関係はいよいよ冷え込んでいった。美賀子は元来、蒲柳《ほりゅう》の質（虚弱体質）であったため、以後二度と子を授かることはなかった。

その後、慶喜は将軍家茂の後見（補佐役）となり、公武合体政策を実現するため家茂と共に上洛するなど江戸を留守がちとなる。こうして夫婦は長い別居生活に入る。

慶応三年（一八六七年）十月に大政奉還があり、翌慶応四年一月、「鳥羽・伏見の戦い」のさなか、慶喜は戦線離脱する形で久々に江戸に舞い戻る。

ところが慶喜はそのまま上野寛永寺《かんえいじ》などで謹慎生活を続けたため、依然として美賀子と一つ屋根の下で暮らすことはなかった。夫婦が同居を再開したのは慶喜の謹慎処分も解けた維新後の静岡で、明治二年（一八六九年）十一月のことだった。このとき慶喜三十三歳、美賀子三十五歳。別居生活は十年を超える長いものだった。

静岡での美賀子はそれなりに充実した日々を過ごしたようである。なぜなら、慶喜の二人の側室（新村信《しんむらのぶ》、中根幸《なかねさち》）が次々に子をなし（夭折した子を含めれば二人で男女二十四人もなした）、その子育てに忙殺されたからである。慶喜の指示によりこの子どもたちはすべて美賀子を実母として育てられたという。

▼一度も大奥に入ることなく終わる

これは慶喜が、子をなしたとはいえ側室は側室、あくまでも正室の下であると美賀子を立てるためにそうしたと言われている。また、二人の側室たちは仲もよく、慶喜の一家は女たちの間で波風が立つことはなかったらしい。

明治二十七年（一八九四年）七月九日、美賀子は乳癌《にゅうがん》により東京で亡くなった。享年六十。

子育てに忙しくしていた頃は、それでも合間を見つけては一人でふらっと外出することがよくあったという。夫やたくさんの子どもたちに囲まれていても、やはり、一抹《いちまつ》の寂しさをぬぐいきれなかったのだろう。

結局、美賀子は将軍の御台所でありながら、一度も大奥に入ることはなかった。これは、慶喜が将軍在職中に江戸を留守にしていたことと関係している。主がいないのにその妻が勝手に大奥に入るのは遠慮するべきと考えたのだろう。

とにもかくにも、公武融和の一環で徳川家に嫁ぐことになり（それも代役で）、その後、寄せくる大波小波に耐えながらも最後の将軍の妻を全《まっと》うした一条美賀子。すべての女性がうらやむ御台所という地位についたとはいえ、彼女の人生はけっしてしあわせではなかったようである。

▼御年寄として二代の将軍に仕える

御台所の次は、大奥で最後の御年寄を務めた瀧山《たきやま》（本名・多喜か？）についても簡単に語ってみたい。

御年寄とは数多《あまた》いる大奥女中の中で最高位の「上臈《じょうろう》御年寄」に次ぐ位だ。しかし、上臈御年寄は御台所の輿《こし》入れに随行《ずいこう》してきただけの公家の娘で、たんなる御台所の話し相手としての役割しか期待されておらず、大奥では政治などに介入させない決まりだった。よって大奥女中随一の権力者は二番目の御年寄で間違いなかった。

御年寄には二通りあり、将軍付と御台所付がいた。将軍付のほうが格上で、将軍の嫁選びや幕閣の人事にまで口を挟むほどであったという。

瀧山は文化二年（一八〇五年）、御鉄砲百人組・大岡権左衛門の長女として生まれた。文政元年（一八一八年）、十四歳で大奥に上がったときから彼女の大奥人生は始まった。頭がよく、上昇志向も強かったのだろう、瞬《また》く間に頭角を現していく。

そして四十代後半から五十代後半にかけて、十三代家定、十四代家茂と二代の将軍に御年寄として仕え、大奥内では並ぶ者なき権力を手に入れている。統率力や実務能力などにも秀《ひい》でたようで、たとえば安政六年（一八五九年）十月、大奥を含めた江戸城本丸が火災で焼け落ちた際には当時五十五歳だった瀧山は陣頭指揮を執ってその再建に尽力している。

▼慶喜を毛嫌いしていた瀧山

瀧山が御年寄の職を辞し江戸城を退去したのは慶応三年（一八六七年）、六十三歳のときだった。従来の説では、戊辰戦争のさなかの慶応四年四月に行われた江戸城開城（江戸城の明け渡し）の直前に退去したと思われていた。

ところが、津山藩（岡山県）江戸屋敷の奥女中が書いた日記などが見つかり、瀧山は慶応二年七月の十四代家茂が亡くなった直後に暇《いとま》（退職）を願い出ていることがわかった。しかし、このときはまだ新将軍が決まっていなかったため、せめて家茂公の一周忌が明けるまではと幕府から懇願され、実際は翌慶応三年の秋頃に城を退去したらしい。幕府としても危急存亡の秋《とき》を迎えていただけに有能な瀧山をおいそれと手放したくはなかったのだろう。

瀧山が大奥の新しい主も決まらないうちに暇乞《いとまご》いし城を出ようとしたのは、次期将軍と目されていた慶喜を嫌っていたからだ。かつて十三代家定の継嗣《けいし》問題が起こった際、瀧山は大老井伊直弼《いいなおすけ》らと共に慶福《よしとみ》（のちの家茂）を推《お》す南紀《なんき》派に属しており、慶喜を担《かつ》ぐ水戸藩や薩摩藩ら一橋《ひとつばし》派を強引に退《しりぞ》けたという過去があった。

そのころから瀧山は常々大奥の存在を敵視していた慶喜が大嫌いだった。そんな慶喜にいまさらかしずくのは真っ平御免と早々に江戸城を出ようとしたのだ。これこそ、大奥最後の御年寄が新将軍に残した「矜恃《きょうじ》」という名の置き土産だった。

◇

城を出たとき瀧山はすでに六十過ぎの老女だ。実家はとうに代替わりしていたこともあり、引き取りを申し出る親戚はなかった。そのうち、大奥時代に自分に仕えてくれていた侍女《じじょ》・仲野《なかの》から声がかかり、仲野の実家（現在の埼玉県川口市）に身を寄せることになる。

その後瀧山は自らに子がなかったため、仲野の縁を頼って夫婦養子を迎えている（養女は仲野自身だったという説も）。夫婦には瀧山の姓を名乗らせ、瀧山家を興したのである。老女瀧山はそれを見届け安心したのか、明治九年（一八七六年）一月、七十二歳で永眠した。晩年の瀧山は、あれが本当に幕閣の歴々をも震え上がらせた大奥女中かと誰もが訝《いぶか》るくらい、「ごく物静かなお婆さん」だったという。

琉球王朝最後の国王・尚泰王

琉球王朝「最後の国王」尚泰王の知られざる〝維新後〟

琉球《りゅうきゅう》（沖縄）最後の王朝とされる「第二尚氏《しょうし》王統」。一五世紀後半に始まり、一九世紀後半まで存続した。最後の国王となったのが第十九代・尚泰王《しょうたいおう》である。この尚泰が王の座を降りたのは、中央政府（明治新政府）によって強制的に王国制を廃されたからであった。その後の尚泰が新政府に対し終生貫いた「無言の抵抗」に迫る。

▼およそ三十年間、琉球国王として君臨

令和元年（二〇一九年）十月三十一日未明に起きた火災によって、沖縄県の歴史と文化の象徴であり、県民の心の拠《よ》り所でもあった那覇市の首里《しゅり》城が炎上した。実はこれが首里城にとっては一五世紀初期（異説あり）に創建されて以来、歴史上五度目の焼失であった。令和の焼失を除けば最も近いのは、昭和二十年（一九四五年）の太平洋戦争での沖縄戦で米軍に焼かれた例がある。

この令和の焼失は、一九八〇年代後半に取り掛かった復元・再建工事もようやく完了したところだっただけに、県民や工事関係者にとって落胆の度合いは一段と大きかった。現在、復元作業が着々と進められており、正殿の完全復元は令和八年（二〇二六年）秋ごろを予定しているという。

この首里城のかつての主と言えば、沖縄が琉球《りゅうきゅう》王朝と呼ばれていた時代の統治者——すなわち琉球国王である。本稿では、そんな琉球王朝の掉尾《ちょうび》を飾った人物について語ってみたいと思う。

名を尚泰王《しょうたいおう》という。一五世紀後半に始まる琉球最後の王朝「第二尚氏《しょうし》王統」

の十九代目に当たる。一九世紀半ばから後半にかけての約三十年間、琉球国王として君臨した。尚泰が王の座を降りたのは一八七九年のことで、中央では明治政府が「西南戦争」の後始末に追われているさなかだった。

尚泰王は明治政府から強制される「ヤマト化」といかに対峙《たいじ》し、琉球の民の矜《きょう》持《じ》と人権を守り抜こうとしたのだろうか。

▼琉球を最初に統一した傑物・尚巴志

最後の琉球国王・尚泰について述べる前に、琉球王朝の歴史について簡単に解説しておきたいと思う。

琉球における最初の統一王朝は、尚思紹王《しょうししょうおう》を初代とする「第一尚氏王統」である。同王朝は尚思紹から尚徳《しょうとく》まで七代六十三年間（一四〇六〜一四六九年）続いた。ちなみに尚の姓は中国の皇帝より贈られたものだった。

尚思紹が登場するまでの百年間、現在の沖縄本島は三つの国に分かれていた。島の北部は北山《ほくざん》（現在の国頭《くにがみ》地方が中心）、中部は中山《ちゅうざん》（那覇市、浦添《うらそえ》市が中心）、南部は南山《なんざん》（糸満《いとまん》市が中心）と呼ばれ、それぞれに王がいた。いわゆる「三山《さんざん》時代」である。尚思紹は最初、南山の一豪族に過ぎなかったが、嫡男《ちゃくなん》の尚巴志《しょうはし》が傑物だった。

一四〇六年、尚巴志は島の南部、佐敷《さしき》（現南城市）から出撃して中山を攻め滅ぼし、父思紹を中山の王位につける。その後、一四一六年に北山を倒し、五年後、父思紹が亡くなると自ら中山王に即位。さらに一四二九年には南山を平らげ、琉球王国最初の統一王朝を成立させたのである。

琉球を統一した尚巴志は、父思紹以来続けてきた中国との冊封《さくほう》・朝貢《ちょうこう》関係（つまり中国の支配に属すること）を維持しながら、国を富ませるためには交易活動が不可欠と考え、那覇港を開いて中国をはじめ東南アジア、朝鮮、日本との交易を盛んにする。こうして尚巴志は海洋国家、琉球王国の礎《いしずえ》を築いたのである。

▼日中両方から支配を受ける

一四六九年、第一尚氏王統が七代尚徳の早世（享年二十九）と、その重臣で農夫出身の金丸《かなまる》のクーデターによって滅ぶと、政権を奪取した金丸は自らの名を尚《しょう》円王《えんおう》と改め、新王朝を開く。それが第二尚氏王統の始まりで、最後の第十九代・尚泰が身をひくまで四百年余にわたり命脈を保つわけである。

その四百年の中で最も大きな事件と言えば、第七代・尚寧王《しょうねいおう》のときに日本の薩《さっ》摩《ま》藩が行った琉球侵攻であろう。

琉球を含む南西諸島の支配を早くから目論んでいた薩摩藩は、戦国末期から江戸時代初頭にかけて深刻な財政難に直面しており、それを打開するため、徳川家《とくがわいえ》康《やす》の承認を得て一方的な軍事行動に出たのであった。

一六〇九年三月下旬、琉球本島に上陸した薩摩兵三千は鉄砲で威嚇《いかく》しながら疾《しっ》風《ぷう》の如く首里城に迫った。琉球軍は思わぬ襲撃を受け、ほとんど抵抗らしい抵抗を見せることもなく薩摩藩に和睦《わぼく》を申し入れると、首里城を開城した。

こうして琉球王国は以後二百七十年間にわたり、表向きは中国の支配下にありながら、日本（直接的には薩摩藩）の従属国にもなるという「日中両属」の関係を存続することになるわけである。

琉球王国の悲劇はその後も続き、一九世紀後半になると、欧米列強と相次いで不平等条約を結ぶことを強いられる。こうした不平等条約を締結《ていけつ》しながら欧米列強の植民地とならなかったのは、幕末史の奇跡と言われている。

▼武力を背景に明治政府に組み込まれる

しかしながら、琉球王国にとっての本当の悲劇は、その後に待っていた。明治政府は明治五年（一八七二年）、琉球を日本に完全に帰属させるため王国制を強制的に廃し、かわりに「琉球藩」を設置して尚泰を琉球藩王に封じたのである。

そして尚泰に対し、中国との冊封関係を断《た》ち、朝貢も廃止すること。日本の他府県にならい政治制度を改めること。さらに尚一族には首里城の明け渡しと東京移住を命じたのである。

最初、こうした明治政府の要求に、尚泰はのらりくらりと言い逃れしていたが、ついに業を煮やした明治政府は警官を含む六百余の兵隊を派遣して尚泰に首里城の明け渡しを迫り、それが実行されると琉球藩を廃し、「沖縄県」を設置するむね宣言した。明治十二年（一八七九年）四月のことだった。

こうして第一尚氏王統時代から数えて四百五十年余り存続した琉球王朝は崩壊し、尚泰は東京へと移住させられた。明治政府が武力を背景に琉球王朝を日本の近代国家に組み込んだこの一連の過程を「琉球処分（琉球併合《へいごう》とも）」と呼ぶ。

当然中国は、こうした日本政府の強引なやり方に最初は強く抗議したが、すぐにトーンダウンしていく。なぜなら、当時の中国――清朝《しんちょう》はイギリスなど西欧列強の外圧と頻発《ひんぱつ》する内乱にも悩まされ、弱体化の一途をたどっていた。東海の一島国のことにかかわっていられるほどの余裕はなかったからである。

東京に移住させられた尚泰はこのとき三十七歳。尚泰は、他の元藩主同様、華族に列せられ、現在の東京・千代田区九段北に二千五百坪という広大な屋敷と公債二十万円（一割利子付き）を与えられる。琉球の国王だったわが身が、日本の華族になることについては、おそらく胸中で相当の葛藤《かっとう》があったに違いない。

なぜ東京に移住させられたかと言えば、これはなにも尚泰に限ったことではない。当時、尚泰同様、元藩主から華族になった者は原則として東京に移り住むことが義務付けられていたからである。尚泰は東京に移住する際、一族郎党百数十人を引き連れてきていたが、その大半がこの九段北の屋敷で暮らしたという。

東京に移って六年後の明治十八年（一八八五年）五月、尚泰は侯爵となる。五爵《ごしゃく》（公・侯・伯・子・男）のうちの上から二番目である。本来なら十五万石以上の元大名でなければ授けられない高位の爵位だった（琉球藩は約九万石）。

政府としては元琉球国王の尚泰や沖縄県民のご機嫌をどうしても取っておきたい理由があったからに違いない。このときの授爵《じゅしゃく》に対し、尚泰が周囲にどんな感想を述べたか、何も伝わっていない。

なお、尚泰の授爵に合わせ、尚泰の次男尚寅《しょういん》と四男尚順《しょうじゅん》も尚侯爵家の分家として男爵を授けられている。

▼「無言」こそ許された最大の抵抗

明治二十三年（一八九〇年）、帝国議会の開設に伴い、尚泰は貴族院議員となる。しかし、本会議にも委員会にも一度として出席しなかった。それどころか普段、屋敷を出て人前に姿を見せたり、公共の場で話をしたりするようなこともほとんどなかった。そのせいか、東京での暮らしぶりを伝えるエピソードは皆無だ。

明治三十四年（一九〇一年）八月十九日、尚泰は東京に移住して二十年余、一度も沖縄への帰郷を許されないまま五十九歳で亡くなった。死因は細菌性の急性腸カタルだった。亡骸《なきがら》は貸し切り列車と船を乗り継いで故郷沖縄に移送され、古式に則《のっと》った盛大な葬儀で弔《とむら》われたのち、琉球王家の陵墓《りょうぼ》に葬られた。

二百七十年間にわたって搾取《さくしゅ》され続けた挙句《あげく》、勝手に王国を崩壊させられ、自身も強制的に東京に連れてこられた尚泰には、きっと日本政府に対し言いたいことが胸の内に渦巻いていたはずだ。しかし尚泰はそうした不平・不満を片言隻句《へんげんせっく》も残さず、故郷の土に還《かえ》った。きっと尚泰は、無言を貫くことが自分に許された「唯一・最大の抵抗」であると知ってほしかったに違いない。

寛永寺最後の輪王寺宮・公現法親王

寛永寺「最後の輪王寺宮」は、なぜ皇族でありながら、旧幕府側についたのか

江戸の初期、徳川家の菩提寺《ぼだいじ》として上野の台地に創建された寛永寺《かんえいじ》。その住職（輪王寺宮《りんのうじのみや》と呼ばれた）は代々、皇族から迎えられるのが決まりだった。幕末、最後の輪王寺宮となったのが公現法親王《こうげんほっしんのう》で、「上野戦争」では江戸を脱出し、旧幕府側に味方する態度を明らかにする。皇族でありながらなぜ朝廷の意向に背《そむ》いたのであろうか。

▼朝廷の意向に逆らったのはなぜ？

江戸城の鬼門《きもん》（東北方向）にあたる東京・上野の台地に、徳川家の菩提寺《ぼだいじ》として天台宗の東叡山《とうえいざん》・寛永寺《かんえいじ》が開かれたのは三代将軍・徳川家光《いえみつ》の治世下、寛永二年（一六二五年）のことであった。上野の地が選ばれたのは、かつて平安京を建設した際、京《みやこ》に鬼門から邪気が侵入しないよう、琵琶湖南西岸の坂本に延暦寺《えんりやくじ》を創建した例に倣《なら》ったものだった。

のちに幕府は、家康《いえやす》の霊が眠る日光東照宮とこの上野寛永寺に箔《はく》を付けるため、皇族が統括する門跡《もんぜき》寺院となるよう運動し、比叡・東叡・日光の三山のトップを兼ねる人物として後水尾《ごみずのお》天皇の皇子《おうじ》であった守澄法親王《しゅちょうほっしんのう》（法親王とは、皇子で出家後に親王宣下をうけたもの）を関東に迎え入れることに成功する。

このとき江戸へと下る守澄法親王に対し朝廷より「輪王寺宮《りんのうじのみや》」の称号が下賜《かし》された。こうして東叡山など三山を統括する住職（貫首《かんじゅ》、貫主とも）は代々皇族から迎え入れるのが慣例となり、輪王寺宮の称号も受け継がれていった。

輪王寺宮は寛永寺に常駐するのが決まりだった。その称号は幕末の公現法親王《こうげんほっしんのう》に至るまで、十三代・十二人に連綿と受け継がれていくのだが、この中に一人、異色の人物がいた。最後の公現法親王である。

公現法親王という人は、新政府軍（官軍）が江戸に攻め込んできた際、彰義隊《しょうぎたい》ら旧幕府側に味方する姿勢を見せたことで知られている。一体、皇族の身でありながらなぜ朝廷の意向に逆らうような行動に出たのであろうか。

▼慶喜、自らの助命と東征中止を求める

将軍職を追われ、「鳥羽・伏見の戦い」のさなかに京都から大坂経由で江戸に逃げ帰ってきた徳川慶喜《とくがわよしのぶ》。新政府軍に対し刃向かう意志がないことをアピールするため江戸城を明け渡して上野寛永寺で謹慎生活に入ったのは、慶応四年（一八六八年）二月十二日のことだった。

当時、寛永寺の住職――輪王寺宮だったのが公現法親王、二十二歳。もともと法親王は宮家の一つの伏見宮邦家親王《ふしみのみやくにいえしんのう》の子として誕生し（幼名・満宮《みつのみや》）、十二歳で得度《とくど》、法名を公現と称した。のちの明治天皇の義理の叔父にあたる人物でもあ

る。寛永寺の住職を継承したのが慶応三年五月の二十一歳のときなので、その翌年に徳川慶喜が一時の庇護《ひご》を求めて寛永寺にやって来たことになる。

寛永寺に入った慶喜は、さっそく法親王に面会を求めると、自らの嘘偽りのない恭順の意向を新政府側に聞き入れてもらうため、東征《とうせい》の途次《とじ》にあった新政府軍の代表者で皇族の東征大総督・有栖川宮熾仁《ありすがわのみやたるひと》親王への口利きを嘆願する。

法親王は慶喜の願いを承諾すると、二月十六日に寛永寺を発して翌三月七日には駿府《すんぷ》城に入り、有栖川宮ら新政府軍幹部との談合にのぞんだ。その席で法親王は、慶喜から依頼された通り、慶喜の助命と東征の中止を求めた。しかし、慶喜の助命に関しては条件付きで認められたものの、東征の中止については拒否されてしまう。

▼彰義隊に象徴として担ぎ上げられる

公現法親王と東征軍との交渉は七～十二日の足掛け六日間行われたが、結局は物別れに終わった。翌十三日、法親王はいかにも不満そうな表情で江戸へ引き返していったという。

徳川慶喜が待つ寛永寺に戻った法親王に対し、父の伏見宮や有栖川宮から、江戸を離れ京都に戻るよう勧告する手紙が届くが、法親王はなぜかそれらを無視した。そのうち、江戸城が無血開城し慶喜が水戸へと退去すると、寛永寺に集結しつつあった旧幕臣らの彰義隊によって法親王は象徴として擁立《ようりつ》されてしまう。

これだけでも意外なのに、なんと法親王は親幕派の会津藩や仙台藩など東北の雄藩にあてて令旨《りょうじ》（皇族の命令書）を出し、加勢を要請することまで行っているのだ。ということは、擁立されることは嫌々ではなく自発的な要素が強かったのだろう。

こうした法親王の一連の行動は、完全な親幕派であり、朝廷に弓を引く行為と受け取られても仕方なかった。

江戸に入った東征大総督・有栖川宮は、同じ皇族として親幕派に染まりつつある法親王を変心させ京都に戻す最後の機会と考えたらしく、五月四日、江戸城に法親王を招こうとしたが、法親王はその誘いを断っている。

▼「東北朝廷」は存在したのか？

五月十五日、長州藩の大村益次郎《おおむらますじろう》が指揮する新政府軍と寛永寺に立て籠もる彰義隊ら旧幕府軍との間で「上野戦争」が勃発《ぼっぱつ》した。公現法親王は側近の僧らに守られながら同寺を脱出。羽田沖に停泊していた榎本武揚《えのもとたけあき》が率いる旧幕海軍の艦船に乗り込むと、親幕派が多い奥羽を目指した。

同月二十八日、法親王を乗せた艦がいったん平潟《ひらかた》（現在の北茨城市）に寄港すると、法親王はそこで下船し、会津若松へと向かう。法親王は会津若松には十日間ほど滞在しているが、この地で「奥羽越列藩同盟」の盟主を引き受けるという意志表明を行っている。その際、法親王は、中国の春秋時代の故事「会稽之恥《かいけいのはじ》」を持ち出し、

「会稽の恥辱をすすぎ、速《すみ》やかに仏敵朝敵を退治せんと欲す」

そう宣言したという。

この時点で法親王は、列藩同盟によって「天皇」として皇位に推戴《すいたい》されたとい

う説がある。つまり、「東北朝廷」の誕生だ。この東北朝廷の存在の有無をめぐっては、今日でも研究者の間で見解は分かれている。

東北朝廷の存在を肯定する派は、当時アメリカなどにこのことが伝えられているという事実を一番の論拠《ろんきょ》とする。当時のニューヨーク・タイムズに、日本在住のアメリカ公使からもたらされた情報として「今、北部日本は新たな天皇を擁立した」という記事が掲載されていて、これが東北朝廷の存在を裏付けるものだという。

▼仙台藩で腰を据える

一方、東北朝廷の存在を否定する派は、新帝の即位式や改元が現実に行われていないこと、そもそも法親王が還俗《げんぞく》（出家した者が俗人に戻ること）した様子がまったく見られないことなどを挙げ、東北朝廷はその計画自体はあったとしても、構想段階で立ち消えになったはず、と断じている。

はたして法親王自身に新天皇になろうとする意志はあったのかなかったのか、

今となっては判然としないが、その後の法親王の行動を見れば、新政府と戦う気はあったとしても、新天皇になろうなどとは一切考えていなかったことがうかがえる。

六月十八日まで会津若松に滞在した法親王はその後、いったん米沢を経由し、七月二日に仙台に入った。そして仙台藩領で最も格式が高かった寺院・仙岳院《せんがくいん》(現・仙台市青葉区)に腰を据え、そこを御座所《ござしょ》とした。この仙台でも、法親王は天皇の座に就こうとする動きは見られなかった。

そのうち奥羽越列藩同盟は指揮系統が統一されていなかった悲しさから、新政府軍によって藩ごとに一つ、また一つと攻略され、降伏していった。そして九月十五日、列藩同盟の中心的存在であった仙台藩が降伏し、同盟は事実上、空中分解した。

法親王の身柄は新政府軍によって江戸経由で京都へと護送され、最後は実家である伏見宮家での蟄居《ちっきょ》を命じられる。このとき親王の身分も解かれたという。

▼台湾出征中にマラリアを発症

法親王は明治二年（一八六九年）九月、伏見宮に復帰する。翌年還俗し、兵学を学ぶためドイツ（当時はプロイセン）に留学。その留学中に北白川宮《きたしらかわのみや》を相続する。以来、北白川宮能久《よしひさ》を名乗る（親王位に復帰したのは明治十一年）。

帰国後は陸軍の中で出世を重ね、明治十七年（一八八四年）少将、八年後の同二十五年中将に昇進。同二十三年には貴族院皇族議員にもなっている。

明治二十八年（一八九五年）、その前年に「日清戦争」が勃発したことで台湾征討近衛《せいとうこのえ》師団長として出征《しゅっせい》。ところがすぐに現地で病《やまい》（マラリア）を発症して亡くなった。明治二十八年十月のことである。享年四十九。征討任務中であったため、外地で皇族が戦没した初めての例となった。

幼くして僧籍に入り、二十一歳の若さで徳川家の菩提寺を任される。のちに皇族の出身でありながら、天皇に唐突くような行動をとり、さらにその後還俗して国家のために軍人として働くという、まことに波瀾万丈の人生であった。

日本政府は台湾で客死《かくし》した能久親王の遺体を本土に搬送させると、陸軍大将への昇進と薨去《こうきょ》を発表し、国葬でその功績に報いた。さらに政府は明治三十六年(一九〇三年)、皇居に隣接する北の丸公園内に能久親王の近衛師団長時代の勇壮な姿を写した騎馬像を建立《こんりゅう》(新海竹太郎制作)。この像は今日でも現地で見ることができる。

▼旧幕臣らの赤心に胸打たれた?

最後に、能久親王はなぜ天皇や朝廷に背《そむ》くような行動に走ったのかについて考えてみたい。この疑問に対する答えは親王自身、人に話したり書き残したりしなかったため、その真意は推測の域を出ないが、ある史家は「同情説」をあげる。

負け戦になることを覚悟の上で幕府の屋台骨を必死に支えようとした旧幕臣らの赤心《せきしん》に胸を打たれたからではないかというのである。寛永寺の住職になって上野戦争が起こるまでの期間が約一年。さりながら、彼のそれまでの人生からは想像もできない濃密な一年だった。

特に、彰義隊が浅草本願寺から寛永寺に移ってきてからというもの、自分の周辺で日毎夜毎《ひごとよごと》、隊の面々が参集し、新政府軍をいかにして迎え撃つかで侃々諤々《かんかんがくがく》の議論をぶつけ合っていたのだ。当時、二十歳を過ぎたばかりの親王がこうした熱気の渦に巻き込まれ、影響を受けなかったとは言い切れないはず——というのである。

一方で、皇族がそう安直に烏合《うごう》の衆《しゅう》に近い彰義隊に同情を寄せたとは考えにくい、もっと別の理由があったはず、と指摘する史家もいる。その別の理由として浮上してくるのが、実は親王が毛嫌いしていたのは新政府の幹部たちであって、天皇や朝廷に不満を持っていたわけではないという、「新政府反感説」だ。

▼反感を覚えた真の相手は政府幹部たち

新政府に対し反感を抱かせるきっかけになったと考えられているのが、先述したように、親王が徳川慶喜の依頼を受けて行った、駿府での新政府軍幹部との談合だ。

実はこのとき、軍幹部の多くを占める薩摩《さつま》藩士の応対ぶりから、彼らが天皇や朝廷の権威を蔑《ないがし》ろにし、目的達成（討幕）のために利用しているだけであることを即座に看破し、それがために親王は不満と落胆を禁じ得なかったと言われる。

そうした不満や落胆について親王自身の口から、あからさまに語られることはなかったが、のちに親王が米沢藩などに与えた令旨では、「天皇（明治天皇のこと）がまだ幼いのをよいことに薩賊《さつぞく》が勝手な振舞いをしている」と、「薩賊」という蔑称《べっしょう》までも使って薩摩藩に対し強い不満を述べた後、その打倒を呼びかけていた。この文章は最後の署名によって親王の側近の僧侶で、奥羽行にも同行していた人物が書いたという体《てい》をなしていたのだが、親王の真意であったことは疑いのないところだ。

したがって親王は、天皇を利用しようとする薩摩藩を中心とした討幕派（新政府）の強引さに反感を覚え、そうした「仏敵朝敵」を速やかに打倒し、天皇の権威を守るために奥羽越列藩同盟の力を借りようとしたのであろう。天皇や朝廷に弓を引く、あるいは自分が新天皇になってやろうなどとは微塵《みじん》も考えていなかったに違いない。

江戸幕府最後の大老・酒井忠績

山積する諸問題に立ち向かった「最後の大老」酒井忠績の生涯

老中《ろうじゅう》と言えば江戸幕府（幕閣《ばっかく》）に常置された最高職。しかし、重要な政策を決定するときのみ、その老中の上に「大老《たいろう》」という職制が設けられた。江戸時代を通じてのべ九人の大老がいたことが史料によって明らかだ。本稿では幕末期、その最後の大老を務めた人物が、時勢柄、山積する諸問題にどう立ち向かったのかを追った。

▼江戸城への出勤など日常業務は免除

徳川家康《とくがわいえやす》が開いた江戸幕府は、代々の将軍家を補佐するために様々な役職を設けていた。一説に、上級から下級まで四百七十もの役職があったという。

最高位が、幕府の行政機関（幕閣《ばっかく》）のトップに君臨していた老中《ろうじゅう》。ほかにこの幕閣の構成メンバーとして若年寄《わかどしより》、寺社奉行《ぶぎょう》、京都所司代《しょしだい》、大坂城代などがいた。彼らは有能な譜代《ふだい》大名の中から抜擢《ばってき》された。しかし、そんな幕閣にあって、臨時的に老中の上に置かれる役職が存在した。そう、「大老《たいろう》」である。

大老は、将軍家の補佐役の中でも重要な政策の決定にのみ関与した。まさに、将軍家の片腕であった。複数人が月番制で政務を執《と》った老中と異なり、大老の定員は通常一人で、江戸城（評定所《ひょうじょうしょ》）への出勤など煩瑣《はんさ》な日常業務は免除されたという。

先述したように大老は臨時職なので、江戸幕府が存続した約二百七十年間、ずっと絶え間なく引き継がれてきたわけではない。多くの場合、国体を揺るがせるような大事件が起きた際、その解決にあたるために設けられる役職だった。

では、江戸時代を通じて一体何人の大老がいたのかご存じだろうか。史料から確認できるのべ人数は九人だ。その掉尾《ちょうび》を飾ったのが、本稿で紹介する幕末に登場した播磨《はりま》姫路藩（兵庫県姫路市）藩主・酒井忠績《さかいただしげ》である。忠績は一体どんな経緯から大老という重責を担《にな》うことになったのだろうか――。

▼井伊・酒井・土井・堀田の譜代四家に限定

酒井忠績について語る前に、もう少し大老という役職の説明と、忠績に至るまでの歴代の八人の大老のことに触れておく必要があるようだ。

大老職に就けるのは、譜代大名の中でも特に初代家康と関係が深かった井伊・酒井・土井・堀田の四家に限られた。彦根藩の井伊家以外の三家の場合、老中を務めた実績を買われて大老にのぼるというケースが目立つが、井伊家だけは石高《こくだか》の高さゆえに（譜代大名筆頭の三十万石）老中にはなれないという暗黙のルールがあり、そのため老中を経《へ》ないでいきなり大老に抜擢された。

この四家以外、家康の功臣には「徳川四天王」にも数えられた本多《ほんだ》（忠勝《ただかつ》）家や榊原《さかきばら》（康政《やすまさ》）家もよく知られているが、この二家の末裔《まつえい》には大老職につく権利は与えられなかった。大老職の条件として最初になぜ井伊・酒井・土井・堀田の四家が選ばれ、そしてそれが固定されたのか、今もわかっていない。

また、この四家以外からただ一人、犬公方《いぬくぼう》こと五代将軍徳川綱吉《つなよし》の時代、綱吉の寵愛《ちょうあい》を受けた柳沢吉保《やなぎさわよしやす》が大老職に就いていて、それを含めればのべ人数は十人になる、と指摘する研究者がいることは確か。しかし、正式な辞令は確認されておらず、吉保の場合はあくまで「大老格」であっただけのようである。

▼初期の幕府には功臣ぞろい

それでは、歴代の大老の人物像を初代から順に見ていこう。

下総国《しもうさ》（千葉県北部など）古河《こが》藩初代藩主を務めた土井利勝《どいとしかつ》が、最初の大老だとされている。徳川家康の母方の従弟《いとこ》にあたる人物でもある（家康の落胤《らくいん》説も）。二代徳川秀忠《ひでただ》、三代徳川家光《いえみつ》と二人の将軍に老中として連続で仕《つか》え、「一国一城令」や「参勤交代制度」などの制定にかかわり、幕府の支配体制の確立に大きな功績を残した。

寛永《かんえい》十四年（一六三七年）、利勝は六十五歳のとき、病気を理由に老中職の辞任を申し出るが、家光はそれを許さず、翌寛永十五年十一月、今度は家光の温情で実務から離れ、大老職に就くことに。家光は名誉職として大老職を利勝に与えたのだった。その後、利勝は寛永二十一年（一六四四年）七月、七十二で在職のまま亡くなった。

二代目の大老は酒井忠勝《さかいただかつ》。若狭《わかさ》国（福井県）小浜《おばま》藩の初代藩主で、三代家光と四代家綱《いえつな》の二人の将軍に側近として仕えた。土井利勝の十四下だった。老中から大老になった経緯も、大老になった日にち（寛永十五年十一月七日）も利勝と同じだった。

ただし、病気療養中の利勝と違い、忠勝の場合、「なにか一大事が出来《しゅったい》したときのみ登城すればよい」と家光から申し渡されたという。この一言によって大老の職制がはっきり定まったと言ってよいだろう。忠勝は明暦《めいれき》二年（一六五六年）五月に家督を息子に譲って隠居するまで約十八年間、その職にあった。

▼在職中に江戸城内で暗殺された大老も

三代目の大老は酒井忠清《さかいただきよ》。先の酒井忠勝とは同祖の別家系（雅楽頭《うたのかみ》家）で、四代将軍家綱から五代将軍綱吉の時代にかけて絶大な権力を有した。忠清は十四歳で上野国《こうずけのくに》厩橋《うまやばし》藩（群馬県前橋市）の四代目藩主となり、三十歳のときには早くも老中首座（老中の中のトップ）に駆け上がった超エリート官僚であった。

寛文《かんぶん》六年（一六六六年）三月、四十三歳で大老に就任した後、約十四年間、その職にあった。任期中、よく知られた仙台藩の「伊達《だて》騒動」や越後《えちご》高田藩（新潟県上越市）の「越後騒動」などの御家《おいえ》騒動を裁定したことでも名を残している。屋敷が江戸城大手門の下馬札《げばふだ》前にあったことから、世の人々は忠清を「下馬将軍」と呼んだ。

四代目は堀田正俊《ほったまさとし》。最初は上野国安中《あんなか》藩（群馬県安中市）を治めていたが、のちに乱行が原因で下総国古河藩五代目藩主の座を追われた土井利益《としのます》に代わり古河藩に移封《いほう》されている。大老には老中を経て天和《てんな》元年（一六八一年）十二月、四十八歳で就任した。

五代将軍綱吉の下で農業政策などに辣腕《らつわん》をふるったが、就任三年後の貞享《じょうきょう》元年（一六八四年）八月、若年寄で美濃《みの》国青野《あおの》藩（岐阜県大垣市）藩主・稲葉正休《いなばまさやす》によって江戸城内で刺殺された。事件の真相は詳《つまび》らかになっていない。大老在職中に殺害されたのは、のちに紹介する井伊直弼《いいなおすけ》とこの堀田正俊の二人である。

▼二度、大老職を務めた唯一の人物

五代目大老の彦根藩主・井伊直興《なおおき》（直該《なおもり》とも）は、二度にわたって大老職を務めた唯一の人物。すなわち、元禄《げんろく》十年（一六九七年）、四十二歳のときから約四年間務め、さらに正徳《しょうとく》元年（一七一一年）、五十六歳のときに再任し、約三年間務めた。

これは、元禄十四年（一七〇一年）、四十六歳のときに家督を八男直通《なおみち》に譲っていったん隠居したが、その直通が早世し、跡を継がせた十男直恒《なおつね》までも早世した。そこでやむなく、十三男の直惟《なおのぶ》が成長するまでの間、直興は彦根藩主として

復帰を果たしたわけである。

その翌年の正徳元年、直興は大老に再任するのだが、このころ徳川家宣《いえのぶ》が六代将軍になったばかりで、政権の安定が急務だった。そこで老練な直興に六代目大老として復帰してもらい、新将軍を補佐する役割を期待されたという次第。

七代目の大老も彦根藩主（十二代）の井伊直幸《なおひで》。四代と七代の彦根藩主を務めた井伊直興が二度目の大老を辞めてからちょうど七十年たった天明《てんめい》四年（一七八四年）に大老にのぼっている。以後約三年間、その地位にあったが、最後は政争に敗れ、職を辞している。

八代目の大老は同じ井伊家から出た直亮《なおあき》（十四代彦根藩主）で、天保《てんぽう》六年（一八三五年）、四十二歳のとき大老に任じられた。その六年後、彼もまた、政争に巻き込まれるのを怖れ、自ら致仕《ちし》を申し出ている。

▼大事件が出来した際に大老は何をした？

そして九代目の大老こそ、この直亮の実弟、井伊直弼である。三十六歳で十五代彦根藩主となった遅咲きの人であった。その後、大老職に就いたのは幕末の安《あん》政《せい》五年（一八五八年）四月、四十四歳のときだった。直弼は日本の開国・近代化を推進したことから当時の尊王攘夷派《そんのうじょういは》の反発を被《こうむ》り、水戸浪士らに暗殺されたのはご存じのとおり（「桜田門外の変」）。享年四十六。

——このように、最後の大老、酒井忠績を除く九代・八人の大老をざっとみてきた。歴史の教科書などでは、大老職は国体を揺るがせるような非常事態が発生したときだけ、臨時に設けられたという表現が多くなされているが、よくよく彼らの事績をたどってみると、あながちそうではないことがわかった。

確かに、大火災（「振袖《ふりそで》火事」など）や飢饉《ききん》（「天保の大飢饉」など）、幕末の動乱（尊攘派の台頭など）の直後に、その対応に当たるため大老職が設けられたように思われているが、それは偶々《たまたま》であって、そうした事件の対応に大老が果たした役割はほとんど記録されていない。臨時に登場する大老に頼らなくても、それだけ日ごろから幕政を担う老中や若年寄の実務能力がしっかりしていた証拠だろう。

結論を言えば、酒井忠清や井伊直弼など一部を除けば、大老とは幕政の功労者に与えられる「名誉職」でしかなかったのである。

▼将軍家茂に寵愛されスピード出世

江戸幕府最後の大老、酒井忠績《ただしげ》は播磨姫路藩の八代目藩主である。井伊直弼が暗殺された三年後の文久《ぶんきゅう》三年（一八六三年）、三十七歳で老中になり、その二年後の元治《げんじ》二年二月、大老に就任した。良くも悪くも、徳川家に殉じた人だった。

忠績は文政《ぶんせい》十年（一八二七年）六月、酒井家分家の旗本の長男として生まれた。本家の姫路藩主・酒井忠顕《ただてる》には男子がなかったため、忠顕に望まれて養子となる。面白いのは、養子になった忠績のほうが養父である忠顕よりも九つ年上だったことだ。それはともかく、忠顕が二十五で早世すると、忠績は姫路藩十五万石を相続した。三十四歳のときであった。

その後忠績は、京都所司代（代理）となり、約四カ月間、朝廷対策や市中の治安維持に貢献した。その功績が認められ、文久三年六月、老中に抜擢される。しかもすぐ老中首座に補《ほ》されるというスピード出世ぶりだった。

忠績は当時の将軍・徳川家茂《いえもち》（皇女和宮《かずのみや》と結婚した十四代将軍）に特に信頼されていた。文久三年十一月、家茂が海路を利用して再上洛《じょうらく》した際には側近として随行《ずいこう》を命じられたほどで、このころにはすでに老中としての日常の仕事を免除され、実質的な大老格であったと見られている。

▼寝耳に水の老中からの降格

再上洛の翌年、つまり元治元年（一八六四年、文久四年二月二十日に元治に改元）六月、家茂に従い、江戸に戻った忠績は、突然老中を御役御免《おやくごめん》となり、溜間詰《たまりのまづめ》（幕政顧問、格式は高いが名誉のみ）を命じられる。まさに、寝耳に水の降格処分だった。

これは、忠績が国元の姫路藩内で行った勤王《きんのう》派に対する苛酷《かこく》な弾圧が幕閣内で問題視されたからだと言われている。

姫路藩酒井家は譜代大名の中でも飛び抜けた名門である。それゆえ、この時代、藩論は佐幕主義（幕府の政策を是認すること）でまとまっていたのだが、若い藩士の中には流行の尊攘思想に傾倒した結果、天皇中心の政治に改めようではないかという勤王思想に染まる者が少なくなかった。

忠績は譜代の名門として、こうした足下から火を出すような行為は到底看過《かんか》できるものではなかった。そこで、国元にいる姫路藩筆頭家老・高須隼人《たかすはやと》に命じて、勤王派に対する徹底した弾圧と粛清《しゅくせい》を行わせたのである。

この事件がのちにいくら譜代大名でもやり過ぎだ、ということになり、忠績は老中職を免じられたようである。しかし忠績は、こうした外圧に屈することなく、老中を辞めた後も勤王派に対する弾圧と粛清の手を緩めなかった。

▼今度は藩内の佐幕派が粛清される

そしてついに、元治元年十二月、藩内の勤王派七十人余は死罪や入牢《じゅろう》を命じられてしまう。これが、その年の干支《えと》から「甲子《かっし》の獄《ごく》」と呼ばれる事件である。

翌元治二年二月、忠績は三十九歳で大老として幕政に返り咲く。幕府としては忠績を一度は政治の表舞台から遠ざけたものの、国の内外に難題が山積する現状を乗り切るには剛腕で鳴る忠績以上の人材は名門譜代の中に見当たらないと判断したからであろう。

ところが、勇躍して幕政に復帰した忠績だったが、その活動期間は短かった。慶応《けいおう》元年（一八六五年、元治二年四月七日に慶応に改元）十一月、大老に任じられて一年もたたないうちに免職させられ、元の溜間詰となる。

その理由として「兵庫（神戸）開港」が関係していた。このころ、諸外国から兵庫を開港するよう幕府に対し強い要請があった。忠績はそれに屈する形で開港を許諾《きょだく》したのだが、今度は朝廷がそのことに反発したため、仕方なく忠績はその責任をとる形で身を退《ひ》いたのだった。慶応三年（一八六七年）二月、忠績は隠居生活に入る。

その後、大政奉還から戊辰《ぼしん》戦争に突入すると姫路藩は朝敵となり、忠績は謹慎生活を送ることに。姫路藩も新政府の要求には逆らえず藩内の佐幕派の粛清に乗り出した。こうして忠績と、跡を継いだ弟忠惇《ただとう》の側近は悉《ことごと》く死罪や入牢を命じられ、一掃された。「甲子の獄」に対してこの事件を「戊辰の獄」と呼ぶ。

◇

明治の世になると忠績は静岡にあった弟酒井録四郎方に同居することが許され、そこで余生を送った。明治二十八年（一八九五年）十一月、六十九で亡くなった。明治二十二年には永世華族に列して男爵を授けられている。

忠績という人は常々家臣などに対し、「吾等《われら》は累世《るいせい》（代々）徳川譜代の臣である。幕府と存亡を共にするのは当然のことである」といった意味の発言をしていたという。それだけ忠績は、徳川家の譜代であることに強烈な誇りを持っていたのだ。

しかし、その誇りゆえに、藩内で「甲子の獄」「戊辰の獄」という粛清事件を招いてしまったのは事実。幕末・維新期に姫路藩から優秀な人材を輩出できなかったのはそれが原因であると指摘する史家も少なくない。

最後の仇討ち事件の実行者・村上一族

明治維新期に起こった「最後の仇討ち事件」をめぐるドラマの真相

本稿では、明治政府が認めた、わが国最後の仇討《あだう》ち事件とされる出来事を俎上《そじょう》に載せた。この事件（「高野の仇討ち」）は幕末期、赤穂《あこう》藩森家で起こった藩主の後継《こうけい》問題をめぐってのお家騒動に端を発している。一体、事件の顚末《てんまつ》とはどのようなものだったのだろうか。そして、仇を討った者たちはその後どうなったのだろうか。

▼赤穂藩がかかわった「もう一つの仇討ち」

江戸時代に起こった仇討《あだ》ち事件といえば、誰しも頭に思い浮かべるのが「仮名《か な》手本《で ほん》忠臣蔵」の名でも知られた「赤穂事件《あこうじけん》」に違いない。

これは、今さら説明するまでもないが——大石内蔵助《おおいしくらのすけ》ら播州《ばんしゅう》（兵庫県南西部）の旧赤穂藩士四十七人が、亡君浅野内匠頭《あさのたくみのかみ》の無念を晴らすため怨敵《おんてき》吉良上野介《き ら こうずけのすけ》邸に押し入り、首尾よく上野介を討ち取ったのち、幕府の裁定によって一人を除く全員が切腹して生涯を閉じるという実際にあった事件で、日本人が大好きな「忠義」「武士道」「判官びいき」などを主題《テーマ》にしており、おそらくは日本史上、最も有名な仇討ち事件であろう。

実は、この赤穂藩の武士がかかわった「もう一つの仇討ち事件」が、赤穂事件から百七十年後の明治維新期に起こっていたことをご存じだろうか。それこそが、明治四年（一八七一年）二月、高野山麓《こうやさんろく》にある紀州・神谷の作水峠《さみずとうげ》（和歌山県高野町）で起こった「高野の仇討ち」と呼ばれる事件である。

この仇討ち事件が契機となり明治政府はすぐに「仇討ち禁止令」を布告してい

ることから、この事件は政府が認めたわが国最後の仇討ち事件と呼ばれるようになった。以下で事件の顚末《てんまつ》をたどってみることにしよう。

▼様々な要因が絡み合ってのお家騒動

高野の仇討ち事件の発端は、事件の九年前に赤穂藩内で起こった「お家騒動」にあった。そもそも赤穂藩は、江戸時代中期の元禄年間に当時赤穂藩五万三千石を治めていた浅野内匠頭長矩《ながのり》が刃傷《にんじょう》事件を起こしたことで浅野家は断絶となり、替わって下野《しもつけ》国烏山《からすやま》藩（栃木県那須烏山市）から永井家が三万二千石で入部《にゅうぶ》してきた。

その五年後の宝永三年（一七〇六年）、永井家が信濃国飯山藩（長野県飯山市）へ国替えとなり、赤穂には備中《びっちゅう》国西江原藩（岡山県井原市）から森家が移ってきた。このとき森家は三万二千石から二万石に領知高《りょうちだか》を減らされている。以来、この森家が明治維新を迎えるまで赤穂を支配することになるわけである。

高野の仇討ち事件の発端となったお家騒動は、幕末となり藩主の後継《こうけい》問題をめぐっての権力闘争が表面化したことで始まった。さらに、当時は藩財政が逼迫《ひっぱく》し下級藩士は例外なく生活苦にあえいでいて、彼らの間で藩上層部に対する不満が鬱積《うっせき》していた。かてて加えて、この時代を反映して藩内における尊王《そんのう》攘《じょう》夷《い》派《は》と佐幕派《さばくは》の対立もそれに拍車をかけた。

文久二年（一八六二年）十二月九日、尊攘派の下級武士十三人が、佐幕派の家老・森主税《ちから》と側用人・村上真輔《しんすけ》の両名を暗殺するという事件を引き起こす。その後、森主税や村上真輔とは対立関係にあった一派が政権を握ったことから、暗殺犯たちは捕らえられることもなく、赤穂の地を一時脱出することに成功する。

▼高野山にのぼる途上を襲撃

暗殺事件後、幕府が瓦解《がかい》し明治の世となるが、特に村上真輔の遺児たち（男だけで六人いた）を含む村上一族の間では真輔の仇討ちを何としても為《な》し遂げたいという無念の思いはつのる一方だった。

明治四年（一八七一年）一月、村上一族にそんな不穏な動きがあることを察知した赤穂藩では（廃藩置県《はいはんちけん》の布告はこの年の七月）、村上一族と、かつての暗殺犯たち（幕末・維新期の混乱でこのとき六人にまで減っていた）の双方を呼び寄せたうえで、村上一族には「復讐しようなどと考えてはならない」と釘《くぎ》を刺し、一方で暗殺犯たちには高野山にのぼって藩祖の御霊屋《みたまや》（墓所）を警護する役目につくよう命じた。暗殺犯たちを高野山に閉じ込めてしまえば、いくらなんでも村上一族は殺生禁断の霊山で刃傷沙汰《ざた》に及ぶような愚かな行動に出ることはないだろうと踏んだのである。

ところは、その目論見《もくろみ》は甘かった。

同年二月二十九日（三十日説も）午前十時ごろ、藩祖の墓守《はかもり》を務めるために高野山に向かっていたかつての暗殺犯たちは山麓の作水峠で、真輔の遺児四人を含む七人からなる村上一族の待ち伏せにあい、たまたま同行していた暗殺犯の一人の弟（十三歳、村上真輔らの暗殺事件には無関係）を含む七人全員が討ち死にを遂げる。一方の村上一族側も大半が負傷したものの死者は出なかった。

▼村上四兄弟を減刑させた大物とは？

本懐《ほんかい》を遂《と》げた村上四兄弟たちはただちに直轄《ちょっかつ》の五條県庁（奈良県五條市）に自訴して出た。兄弟たちは身柄を大坂の監獄に移され、裁決を待った。本来であれば、事件の前年の明治三年に政府によって定められたわが国最初の刑法典『新律綱領《しんりつこうりょう》』に従い、全員に「死罪」が申し渡されるはずであった。

ところが、そこにある大物政治家が口を挟んできて、死罪に決まりかけた裁決が、「禁錮《きんこ》十年の刑」に覆《くつがえ》ってしまう。その大物政治家とは明治維新の立役者、西郷隆盛《さいごうたかもり》である。西郷が、村上四兄弟が父の仇を討った行為を義挙であると賞賛したことから、この減刑がなされたのであった。

減刑の裁決が下されたのは明治六年（一八七三年）二月七日、事件から二年後のことだった。同日付で、司法卿《しほうきょう》（現行の法務大臣と最高裁長官を兼ねる）・江《え》藤新平《とうしんぺい》により「復讐ヲ厳禁ス」との布告（いわゆる仇討ち禁止令）が発出されている。これにより、この高野の仇討ちが日本最後の仇討ちと呼ばれるようになったのである。

しかしながら、なにをもって「日本最後の仇討ち」と呼ぶかについては判断がわかれるところだ。実際、秋月藩（福岡藩の支藩、藩庁は福岡県朝倉市）家老の臼井亘理《うすいわたり》の長男・臼井六郎が少年時代、藩内の過激な尊攘派によって両親を惨殺《ざんさつ》され、その十三年後の明治十三年十二月、六郎が東京で主犯格を探し出して討ち取るという仇討ち事件が起こっている。

▼禁錮刑の言い渡しから五年後に釈放

この臼井六郎の仇討ち事件は、仇討ち禁止令が出されてから七年後に起こったものだ。当時の法律に従えば、六郎の罪は「謀殺」にあたるため死刑に処されるはずだった。しかし、このときは世間の同情論が各界各層から澎湃《ほうはい》と沸《わ》き起こったため、裁判所はそれを考慮し、罪一等を減じて終身刑とした。さらに、逮捕されて十一年後の明治二十四年（一八九一年）九月には特赦《とくしゃ》を与え、釈放までしている。

つまりこのことは、明治の半《なか》ばくらいまでわれわれ日本人の多くは、封建制をぶち壊し、御一新を迎えたとはいえ、まだまだ江戸時代に培ってきた「仇討ち、イコール武士の美徳」という儒教思想を捨てていなかったなによりの証《あかし》と言えるだろう。

この臼井六郎の仇討ち事件を「日本最後の仇討ち」と呼ぶ人がいることは事実。しかし今回、これまで述べてきた高野の仇討ちを契機として明治六年に出された仇討ち禁止令を境界線《ボーダーライン》としたため、この臼井六郎の仇討ち事件は俎上《そじょう》に載せなかったことを最後にお断りしておく。

仇討ち事件を起こした村上一族七人のその後だが、禁錮刑を言い渡された五年後、恩赦によって釈放されている。四兄弟の足跡について詳しいことは伝わっていないが、仇討ちに助太刀として加わった一族の一人は、釈放後、作水峠で討ち取った七人の霊が眠る墓所を生涯にわたり守り続けたという。

江戸幕府最後の将軍・徳川慶喜

江戸幕府「最後の将軍」徳川慶喜の登場をめぐる暗闘・激闘の裏側

初代徳川家康《とくがわいえやす》以来、二百六十年余にわたり日本史上に君臨した徳川氏の政権。その幕引き役を担《にな》うことになったのが、十五代将軍・徳川慶喜《よしのぶ》である。実は慶喜は、一代前の十四代将軍の座につく予定だったことが知られている。なぜ、それは叶《かな》わなかったのか――。慶喜をめぐる権力の攻防に迫ってみよう。

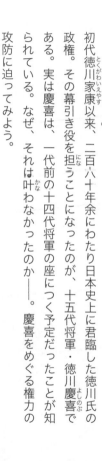

▼歴代将軍の中で評価が一変した綱吉と慶喜

江戸幕府には初代家康《いえやす》以来、幕末期に登場した慶喜《よしのぶ》まで十五人の徳川将軍が存在したことはご存じのとおり。このうち最後の将軍・慶喜に対し、あなたはどんな印象をお持ちだろうか。

ある人は、戊辰《ぼしん》戦争の端緒《たんしょ》となった「鳥羽《とば》・伏見《ふしみ》の戦い」において敵前逃亡したことを俎上《そじょう》に載せ、「言語道断な臆病《おくびょう》君主」と決めつける。ある人は、早々に政権を朝廷に返上したことで(「大政奉還《たいせいほうかん》」)、無辜《むこ》の民《たみ》が戦禍《せんか》に巻き込まれるのを防いだ「史上稀《まれ》に見る英明の君主」と称賛する。

初代家康を別にして、これほど後世の人々の評価が真っ二つに分かれるのは、歴代将軍の中で五代綱吉《つなよし》とこの慶喜くらいだろう。綱吉の場合も従来は「生類《しょうるい》憐《あわれ》みの令」を発したことで「暗愚《あんぐ》な犬公方《いぬくぼう》(公方は将軍のこと)」と揶揄《やゆ》されたが、近年ではこの動物愛護令によって戦国乱世の余燼《よじん》も収まり、弱者を労《いた》わる仁愛精神が民衆に根付くきっかけになったと言われ、教科書などでの評価は一変しつつある。

慶喜の場合も近年の教科書は、「明治維新実現の功労者」という論調が目につくようになっている。幕末史ファンなら、そんな江戸幕府最後の将軍・慶喜は本当なら一代前の十四代将軍の座につく予定だったのをご存じのはず。

ところが、この十三代将軍・家定《いえさだ》の継嗣《けいし》問題が起きた際、慶喜はなぜかある人たちから大いに嫌われていて、そのせいで結局将軍になることが叶《かな》わなかった。

一体慶喜は誰にそれほど嫌われていたのだろうか。

▼十一歳で一橋家に養嗣子として入る

幼名七郎麻呂《しちろうまろ》が物語るように、慶喜は徳川御三家《ごさんけ》の水戸藩主（九代）・徳川斉昭《なりあき》の七男として、江戸・小石川の藩邸で生まれた。天保《てんぽう》八年（一八三七年）九月二十九日のことだった。ちなみに斉昭はたいへんな子福者《こぶくしゃ》で、正室や側室たちとの間に男女合わせて三十七人（うち十七人が夭折《ようせつ》）もの子どもをなしている。

斉昭という人は先祖の二代藩主・徳川光圀《みつくに》（水戸黄門のこと）を信奉しており、光圀の時代に形成された尊王論《そんのうろん》を中核とする「水戸学」に強い影響を受けていた。

したがって慶喜も幼少期は父斉昭から天皇を絶対視する尊王思想を叩きこまれたようである。幼少期の慶喜は兄弟の中でも特に利発さが目立つ子どもだったという。

十一歳のとき、御三卿《ごさんきょう》（御三家を補佐する家柄。田安、一橋、清水の三家）のうちの一橋家に養嗣子《ようしし》として入る。その六年後の嘉永《かえい》六年（一八五三年）六月、日本に開港を迫るためにペリー提督率いる米の黒船艦隊が来航《らいこう》する。この出来事を境に日本の運命も慶喜の人生も大きく転回していくことになる。

黒船来航の混乱のさなかに十二代将軍・家慶《いえよし》が病死し、家慶の息子家定が新将軍に迎えられる。ところが、家定は元来病弱で、到底嫡子《ちゃくし》をもうけられる見込みはなかった。そこで、幕閣《ばっかく》では混迷を深める外交問題を乗り切るため、急きょ次期将軍選びに取り掛かることになった。

▼南紀派と一橋派が対立

候補は二人。一人は紀州藩主の徳川慶福《よしとみ》。父は、当時偉大な将軍として認識されていた十一代家斉《いえなり》の七男で紀州藩主も務めた徳川斉順《なりゆき》。しかも斉順と十二代家慶は兄弟だったので、新将軍家定と慶福は従兄弟《いとこ》にもなるというごく近しい間柄だった。

かてて加えて、八代将軍・吉宗《よしむね》以来、十三代家定までずっと紀州系の血統が続いていただけに、慶福の次期将軍就任は固いと見られていた。この慶福を次期将軍に推《お》す有力大名には彦根藩主・井伊直弼《いいなおすけ》を筆頭に会津藩主・松平容保《まつだいらかたもり》、高松藩主・松平頼胤《よりたね》らがいた。彼らは「南紀派《なんきは》」と呼ばれ、血統の正しさを論拠《ろんきょ》とした。

「南紀派」にとってただ一つ不安があるとすれば、慶福の年齢だった。家定の病気が悪化し、将軍継嗣問題が沸騰しはじめた安政《あんせい》四年（一八五七年）当時、慶福はまだ十二歳と若年だったのである。

そこを衝《つ》いたのが、もう一人の将軍候補であった慶喜を推す「一橋派」と呼ばれた人たちである。顔ぶれは、慶喜の実父・徳川斉昭を中心に老中・阿部正弘《あべまさひろ》、薩摩《さつま》藩主・島津斉彬《しまづなりあきら》らがいた。彼らはこう主張した。

「平時なら知らず、今は血統にこだわっているときではない。天下万民を安堵《あんど》させるためには、年齢も相応で（安政四年時、慶喜は二十一歳）、神君家康公の再来と評判の慶喜公こそ適任である」――と。

▼南紀派に思わぬ味方が現れる

最初こそ、のちに「烈公《れっこう》」という諡号《しごう》（死後に贈られる称号）でも知られたように荒々しい気性で、これまで何かと幕政に口を挟んできた徳川斉昭を怖れ、一橋派が優勢に傾くが、一橋派の阿部正弘、島津斉彬が相次いで死去したことで勢いはすっかり減退してしまう。決定的だったのは、島津斉彬が亡くなる直前に南紀派領袖《りょうしゅう》の井伊直弼が大老に就任（安政五年四月）したことだった。

直弼という人は血統を尊《とうと》び、それを軽んずることは「皇国の風儀ではない」（井伊家史料）という考えの持ち主だった。さらにまた、慶喜が将軍の座についてしまえば、父の斉昭がますます幕政に容喙《ようかい》してくることは火を見るより明らかだった。直弼はそれを嫌ったのである。

そんな直弼ら南紀派にとって心強い味方が登場する。それは江戸城内にあった女の園――大奥である。当時、大奥と水戸の斉昭は冷戦を繰り広げていた。斉昭は常々、大奥が将軍継嗣問題や幕閣の人事問題にまで口を出してくることを快《こころよ》く思っておらず、大奥の維持費が巨額であることについても大いに不満を持っていた。

この幕末当時、大奥の年間予算は二十万両（現在の価値で約二百億円）を超えており、幕閣にとっては頭の痛い問題だった。そこで斉昭は機会をとらえては大奥の規模の縮小を幕閣に進言したという。

▼慶喜推戴論に「NO」を突き付ける

斉昭自身は倹約家として知られており、それを物語るこんな逸話がある。

代々財政の苦しかった水戸藩は斉昭が藩主になるまで幕府から年間一万両の援助金をもらっていた。しかし斉昭の代になると「もともと幕府から頂戴した三十五万石で生計を立てるのが筋。これより諸役人は奢侈《しゃし》を戒《いまし》め節約を心掛けよ」と斉昭は家中一統に申し渡し、その一万両は返金したそうである。また、側室たちの衣装代にまで目を光らせたという話も伝わっている。

もうひとつ、大奥に嫌われた理由として、斉昭が並外れた猟色家《りょうしょくか》だったこともあげられる。正室のほか側室が十人以上いたらしく、前述したように子どもは四十人近くもいた。気に入った女性には見境なく手を付けたようで、真偽は不明だが、長男の嫁に手を出して自害させたという噂まで立ったくらいである。

吝嗇《けち》で色好みとくれば、大奥女中でなくても世の女性から嫌われるのは当然である。そんな斉昭の薫陶《くんとう》を受けた息子が新しい主として大奥にやって来るかもしれないというので、大奥女中たちは一斉に慶喜推戴《すいたい》論に「ＮＯ」を突き付けたのであった。大奥の中でも最上位にある天璋院《てんしょういん》（篤姫《あつひめ》、十三代将軍・家定の正室）が特に斉昭・慶喜父子《おやこ》を毛嫌いしていたと言われている。

▼慶喜、桜田門外の変で返り咲く

こうして心強い味方を得た井伊直弼は安政五年（一八五八年）六月十九日、天皇の勅許《ちょっきょ》を得ないまま独断で米国との間で「日米修好通商条約」を結ぶと、その勢いのまま六日後には家定の継嗣が慶福であることを諸侯に宣言した。

その前日に徳川斉昭が、条約の無許可調印について詰問し、あわせて慶福推戴を諦《あきら》めさせるため押っ取り刀で登城しているが、かえって直弼から「不時登城」が慣例を無視した身勝手な行為であると責められ、謹慎の処分を受けてしまう。こうして斉昭は政治の表舞台から完全に退出することとなった。

翌七月六日、家定が急死すると、慶福は名を家茂《いえもち》と改め、十三歳の若さで将軍となる。一方、十四代将軍の座をあと一歩で掴み損ねた慶喜は、幕府から明確な罪状も示されないまま謹慎を命じられ、政治生命がいったん絶たれてしまう。

ところが、やがて慶喜にとって思わぬ追い風が吹くことになる。安政七年（一八六〇年）三月三日に起きた「桜田門外の変」によって政敵・井伊直弼が不慮の死を遂げたのだ。慶喜はただちに謹慎を解かれ、若い家茂の後見《こうけん》職を命じられることとなった。

その後、第二次長州征討《せいとう》の途次《とじ》、大坂で将軍家茂が病死すると、慶喜が三十歳で新将軍に就任する。慶応二年十二月五日（一八六七年一月十日）のことだった。

▼大奥には一度も足を踏み入れず

こうして十五代将軍の座に就いた慶喜だったが、その在職期間は翌慶応三年十二月九日までのほぼ一年間という短期間だった。

歴史に「もしも」は禁句だが、慶喜が一代前の十四代将軍に就いていたなら、幕末の日本はどう変わっていただろうか。おそらくは将軍継嗣問題で対立していただけに新将軍になった慶喜は井伊直弼を政権の座から追放していたはずだ。そうなると、直弼が断行した「安政の大獄」は起きておらず、のちの反幕派による尊王攘夷《そんのうじょうい》運動もあれほど全国的な盛り上がりを見せることはなかったであろう。

しかし、実際には十四代将軍になれなかった。それもこれも、実父徳川斉昭のせいで大奥に嫌われたことが最大の原因だった。とは言っても慶喜自身にも問題がないわけではなかった。慶喜という人は日ごろから女性蔑視《べっし》の発言が目立ち、そのことが大奥に君臨する天璋院や静寛院宮《せいかんいんのみや》（皇女和宮《かずのみや》、家茂の正室）の神経を逆なでしたと言われている。

慶喜も斉昭同様、政治に何かと口を挟んでくる大奥の存在を疎《うと》ましく思っており、そのせいか将軍在職中は一度たりとも大奥に足を踏み入れなかった。そんな将軍は、夭折した七代家継《いえつぐ》を除けば大奥の歴史で一人もいなかったという。

▼慶喜個人はどうなっても構わない

京都にいた慶喜が将軍職を剥奪《はくだつ》され、直後に勃発《ぼっぱつ》した「鳥羽・伏見の戦い」のさなか大坂から海路江戸に逃げ帰るという出来事があった。このとき、生涯で初めて大奥に入ったと見られているが、夜になっても女中たちは慶喜に布団の一枚も用意してくれなかったという。

江戸城に入った慶喜は大奥にいた天璋院に、「私は、あなたの故郷の薩摩のせいで朝敵にされてしまった」と恨《うら》みがましく言ったという。尊王思想を叩き込まれて育った慶喜にとって、朝敵の汚名を着せられることが最も耐えられなかったのだ。

のちに天璋院は、新政府軍を率いる薩摩の西郷隆盛《さいごうたかもり》にあて、徳川家の存続を嘆願するこんな手紙を出していた。

「徳川家が朝敵として取りつぶされるのはいかにも残念。今度のことは慶喜が悪いので慶喜の身はどうなろうと、どうか徳川家だけは存続させてほしい」

すでに「徳川の嫁」になりきっていた天璋院には、徳川家が地上から消滅することは耐え難い苦痛だった。その点、慶喜個人は煮るなり焼くなり好きにしてくれてよい、という内容だった。それほどまで慶喜という人は大奥から嫌われていたのだ。

江戸幕府最後の将軍・徳川慶喜に失敗があったとすれば、やはりこの大奥対策であろう。大奥を最初から味方に引き入れていたなら、日本の運命も彼自身の人生も大きく変わっていたに違いない。

江戸時代最後の横綱・陣幕

江戸時代最後の横綱が、その後、幕末の動乱に深く巻き込まれるまで

日本の国技とされる相撲。なかでも職業相撲の頂点に君臨するのが横綱で、江戸前期の初代・明石志賀之助《あかししがのすけ》から現今の照ノ富士春雄《てるのふじはるお》まで七十三人しか存在しない。とりわけ江戸最後の横綱・陣幕《じんまく》の生きざまはユニークだ。ある討幕《とうばく》派の大物の影響を受けて国事に奔走《ほんそう》したりしている。陣幕を勤王《きんのう》運動に向かわせた人物とは誰？

▼力士を引退後に没頭したものとは？

「深川の八幡《はちまん》さま」として親しまれている、東京・江東区にある富岡八幡宮。江戸時代には幕府から春と秋の年二回、この宮の境内《けいだい》で相撲興行（いわゆる本場所）が許されており、今日の大相撲の基礎がここで築かれたと言ってよい。

そんな相撲と縁が深いこの八幡宮の一角に、高さ三・五メートル、横幅三メートル、推定重量二十トンの巨石で造られた「横綱力士碑」という名の顕彰碑《けんしょうひ》が建っているのをご存じだろうか。裏面には江戸前期に実在したと伝わる初代明石《あかし》志賀之助《しがのすけ》から最新の第七十三代照ノ富士春雄《てるのふじはるお》まで歴代の横綱の四股名《しこな》がずらりと刻まれている。

この石碑を建立した人物こそ、江戸最後の横綱、第十二代陣幕久五郎《じんまくきゅうごろう》である。実は、歴代横綱の代数というのは、この顕彰碑を建てる際、陣幕が自ら文献を調べたうえでつけたものであって、現在でも「日本相撲協会」はこのとき陣幕が独断でつけた代数をそのまま踏襲《とうしゅう》している。

この「横綱力士碑」からもわかるように、力士を引退後の陣幕は、人から「建《けん》碑狂《ぴきょう》」と陰口を叩かれるほど、力士の顕彰と歴史を伝えるために建碑事業に没頭したという。一方で江戸最後の横綱・陣幕は幕末の動乱期、薩摩《さつま》藩の西郷隆盛《さいごうたかもり》を敬愛し、力士を引退後は国事に奔走《ほんそう》するほどの勤王家《きんのうか》でもあったという。そんな歴代横綱の中でも特に風変わりな男の一代記をたどってみることにしよう。

▼十八で草相撲の世界に身を投じる

陣幕久五郎、本名石倉槇太郎《いしくらまきたろう》は、江戸を中心とした町人文化が栄えた文化・文政期、出雲《いずも》国意宇《おう》郡意東《いとう》村、現在の島根県松江市東出雲町の貧しい農家の三男として生まれた。正確には文政十二年（一八二九年）五月三日のことである。

幼いころから体格と腕力に秀《ひい》でていた槇太郎は力士になることを早くから夢見ていたという。残された史料によると、力士として全盛期の陣幕は身長が百七十四センチ、体重は百三十八キログラムあったと記録されている。当時としては十分巨漢力士の部類に入るだろう。

転機は十八のときだった。地元に巡業でやってきた大坂相撲に飛び入り参加して自信を深めた槇太郎はすぐに実家を出て、備後《びんご》・尾道の草相撲に身を投じた。当時は相撲人気が高く、各地でこうした半職業《セミプロ》集団が存在していたのである。

尾道で一年間、職業力士としての基礎を学んだ槇太郎は嘉永《かえい》元年（一八四八年）、大坂相撲に移り、朝日山四郎右衛門《しろうえもん》の弟子となる。このころ四股名・黒縅《くろおどし》を名乗る。さらに二年後の嘉永三年、江戸に進出し、秀ノ山部屋に入門する。秀ノ山部屋は第九代横綱秀ノ山雷五郎《らいごろう》が興した部屋だった。

▼大名家のお抱え力士となる

当時、職業相撲は江戸相撲、大坂相撲、京都相撲などが知られており、今日のような統一団体はなかった。それぞれが神社の祭礼などに近隣の村々から招かれ、土地の草相撲を交《まじ》え興行を打つというスタイルが一般的だった。なかでも、やはり江戸相撲が最大の陣容を誇り、人気・実力ともに群を抜いていた。黒縅は力士として名をあげるなら江戸へ出るに如《し》かず、と考えたのである。

江戸相撲に入った黒縅は順調に出世を重ね、安政五年（一八五八年）一月には新入幕（幕内力士に出世すること）を果たす。このころ名を「陣幕久五郎」と改めていて、阿波《あわ》徳島藩・蜂須賀《はちすか》家の「お抱え力士」にもなっていた。

お抱え力士とは、相撲好きの大名が、これはと見込んだ力士を一時的に「家来―武士」として取り立てるもので、それによって大名家は自らの藩の威勢を天下に誇示しようとしたのである。

お抱え力士となれば生活は保障され、外出の際などは大小の刀を腰に差して大手を振って市中を闊歩《かっぽ》できた。それゆえ、番付を上げて大名家にスカウトされお抱え力士となることが、力士を志した者たちの最終的な目標でもあったのだ。

▼報酬目当てに乗り換えた？

蜂須賀家のお抱えとなった陣幕だったが、その後、所属を松江藩松平《まつだいら》家に、さらに松江藩から屈指の雄藩である薩摩《さつま》藩島津《しまづ》家に移すという行動に出る。薩摩藩のお抱え力士になったのは元治《げんじ》元年（一八六四年）のことで、なぜこうも所属をころころと替えたのか、理由はよくわかっていない。

おそらくは人気力士だった陣幕のもとにはスカウトの話が降るように舞い込んだはずだ。そこで陣幕はより高額な報酬を提示してきた藩に次々と乗り換えたのではないだろうか。現代のプロのサッカー選手や野球選手などの引き抜きと同じだ。これは当時の世間の常識になじまないものだった。事実、去って行かれた側の徳島藩や松江藩は陣幕のことを大いに恨《うら》んだと言われている。

慶応二年（一八六六年）十一月場所で大関に昇進。翌慶応三年正月には相撲の司家《つかさけ》の京都・五条家から、同年十月には当時もう一つあった司家の吉田司家から横綱免許を授与《じゅよ》される。結果的にこれが江戸時代に授けられた最後の横綱免許となる。

▼「引き分け」や「預」は何のため？

陣幕という力士は、とにかく負けなかった。取り口は堅実そのもので、体格を生かして四つ相撲に持ち込むとそのままじわじわ寄り切るというパターンを得意としていた。そこから、「負けず屋」の異名を頂戴するほどだった。土俵上で互いに組んだまま動かず、「水入り」後、引き分けになることも多かった。

幕内に在位したのは十九場所（当時は年二場所制）で、成績は八十七勝五敗十七分三預《あずかり》。優勝相当成績五回（当時、優勝制度はなかった）という抜群の内容。目立つのは引き分けの多さで、当時の相撲は土俵上で膠着《こうちゃく》状態が続くと「引き分け」とされた。また、物言いのついたきわどい相撲などで、あえて勝敗を決めない場合には「預」という判定が下された。引き分けも預も、その力士が所属する大名家の面子《めんつ》を慮《おもんぱか》り、審判部がひねり出した苦肉の措置《そち》だった。

そんな負けず屋——陣幕の一世一代《いっせいちだい》の取り組みと言えば、横綱として初めて迎えた場所、慶応三年（一八六七年）四月場所の七日目だった。相手力士は、徳島藩お抱えの鬼面山谷五郎《きめんざんたにごろう》（のちの第十三代横綱）。徳島藩としてはかつて陣幕に去られ面目《めんぼく》をつぶされた苦い経験があったため、土俵溜《だ》まりに陣取った藩士たちは、もしも鬼面山が陣幕に敗れた場合、土俵上の陣幕に有無を言わせず斬りかかる腹積りだった。

▼徳島vs薩摩、遺恨相撲の決着は？

土俵の反対側の溜まりには、それを阻止しようと薩摩藩士たちが刀の柄《つか》に手をかけ、目を血走らせながら居並んでいる。当日詰めかけた観客もこの一番が、藩同士の意地と意地とがぶつかり合った「遺恨《いこん》相撲」であることを承知しており、場内の興奮は今まさに頂点に達しようとしていた。

まるで親の仇《かたき》にでも出会ったように土俵上で睨《にら》み合う陣幕と鬼面山。立行司《たてぎょうじ》が、押しつぶされそうになる緊張感を振り払うかのように軍配をサッと返すや、両雄は土俵中央でガッシと組み合った。

結局、この大一番は「水入り」を二度繰り返したものの勝敗はつかず、引き分け裁定となった。こうして互いの藩は面目を保ったのである。

翌場所——同年（慶応三年）十一月場所を経て陣幕は引退を表明する。横綱での在位場所はわずか二場所。と言っても、この二場所、番付上は「西大関」のままだった。当時の横綱は、技量・品格ともに抜群の大関に許された称号であって、地位ではなかったからである。ちなみに、最後の十一月場所では三十九歳という高齢にもかかわらず七勝無敗三休（当時は一場所十日制）という優勝相当の好成績を収めている。

▼薩摩藩邸の焼き討ち事件に遭遇

慶応三年の暮れも押し詰まった十二月二十五日、江戸・三田の薩摩藩邸を訪ねようとしていた陣幕は、藩邸の周囲を刀槍《とうそう》や銃砲で武装した大勢の武士が取り巻いているのに出くわす。あたりには緊張感が漲《みなぎ》り、武士たちは今まさに薩摩藩邸に討ち入りを仕掛けようとしていることは火を見るよりも明らかだった。

このとき薩摩藩邸を包囲していたのは、幕府から江戸市中の警備を命じられていた出羽庄内藩を中心として、同じく出羽上山《かみのやま》藩、越前鯖江《さばえ》藩、武州岩槻《いわつき》藩、さらに幕府の歩兵隊も加わり、総勢二千余を数えた。

当時、江戸市中には不逞《ふてい》浪士たちが数人ずつ徒党を組み、強盗や放火、暴行を働くなど乱暴狼藉の限りを尽くすという事件が頻発《ひんぱつ》していた。庄内藩ではそうした不逞浪士たちがいずれも薩摩藩邸を根城にしていることを突き止め、このたびの藩邸討ち入りに至ったという次第。これは薩摩の西郷隆盛が江戸幕府を挑発し、武力討幕に結び付ける狙いから、暮らしに窮している浪士たちを金で寄せ集め騒乱を起こさせたのだと言われている。

▼薩摩藩主の護衛役を務める

普段から薩摩藩の世話になっていて、人間的にも西郷を敬愛していただけに、「ここは忠義の見せどころ」と覚悟を決めた陣幕。汐留《しおどめ》から早船を仕立てて本所《ほんじょ》の自宅まで戻るや、まず女房に向かい一方的に離縁を告げ、ついで弟子たちを呼び集めると彼らをしたがえ一目散に薩摩藩邸に取って返したのである。

しかし、時すでに遅く、藩邸は焼け落ちた後だった。そこで陣幕は事の次第を手紙にしるし、大坂に滞在中の西郷に知らせることにした。西郷は手紙を一読するや、思わず会心の笑みをもらしたという。慶応四年（一八六八年）一月二日のことだった。

とにもかくにも、三田の藩邸焼き討ち事件を西郷が最初に知ったのは、このときの陣幕の手紙で間違いないようである。

こうして西郷の挑発にまんまと乗ってしまった旧幕府軍は、薩摩藩と長州藩を中心とした新政府軍相手に、戊辰《ぼしん》戦争の端緒《たんしょ》ともなった「鳥羽・伏見の戦い」を起こすことになるのはご存じのとおり。

戊辰戦争が始まると陣幕は江戸を離れ、官軍に身を投じた。小荷駄方《こにだかた》として物資の運搬に汗を流したり、薩摩藩主・島津忠義《しまづただよし》の護衛役を務めたりしたという。そこから、陣幕のことを「勤王力士」と呼ぶ者もいたようである。

陣幕は戊辰戦争が終結しても江戸（東京）には戻らず、大坂に向かっている。江戸相撲と比べ一段も二段も低く見られていた大坂相撲の地位を自分の手で引き上げてみたい、と考えたからであった。

▼大坂相撲の理事長となる

陣幕がなぜそう考えたのか真意は不明だ。これは推測でしかないが、職業相撲に入りたての頃の若い自分を厳しく鍛え上げてくれた大坂相撲に対し感謝の念を忘れなかったからではないだろうか。

陣幕には自分なら大坂相撲の地位を引き上げられるという、確かな目算があった。西郷の知己《ちき》を得てからというもの陣幕はその縁で、薩摩の西郷従道《つぐみち》（隆盛の弟）や黒田清隆《きよたか》、大山巌《いわお》、さらに長州の山県有朋《やまがたありとも》や伊藤博文《ひろぶみ》、土佐の後藤象二郎《しょうじろう》や岩崎弥太郎……など政財界の大物と知り合う機会が増え、彼らが持つ権力と財力を利用すれば大坂相撲の地位を江戸相撲と肩を並べるくらいまで引き上げることなど容易なはず、とにらんだのである。

明治二年（一八六九年）、陣幕は大坂相撲の理事長（当時は「頭取総長」）となり、辣腕《らつわん》をふるう。三年後の明治五年六月には大阪造幣寮《ぞうへいりょう》に明治天皇をお招きして天覧の栄誉に浴するほどだった。

こうして陣幕が最初に思い描いたように、大坂相撲の地位を引き上げることに成功したかのように見えたが、絶頂は短かった。陣幕の押しの強い性格が災いして周囲の幹部たちの反発を買い、理事長の座を追われることになってしまったのである。明治九年のことだった。

▼雷電為右衛門を顕彰する狙いも

その後、陣幕が熱中して取り組んだのが、相撲に関連した建碑事業だった。たとえば初代横綱とされる明石志賀之助の顕彰碑がある。これは現在、志賀之助の出身地とされる栃木県宇都宮市の蒲生《がもう》神社にあり、石碑には「日下開山《ひのしたかいざん》初代横綱明石志賀之助碑」と刻まれている。

明治三十三年（一九〇〇年）に陣幕によって建立された石碑で、もともと宇都宮城址《じょうし》にあったものだ。それが太平洋戦争時の「宇都宮空襲」によって土に埋まってしまったため、戦後、それを掘り出してこの蒲生神社に移したのだという。

しかし何と言っても、陣幕が建立した顕彰碑で最も有名なのは、先述した富岡八幡宮の「横綱力士碑」であろう。陣幕の真意としては、たんに歴代の横綱を顕彰するだけでなく、江戸後期に活躍した不世出の名大関・雷電為右衛門《らいでんためえもん》を顕彰したいという思いも強く、そのためにこの顕彰碑を建てたものと考えられている。

事実、石碑の裏面には歴代横綱の名前と共に、例外として「無類力士・雷電為右衛門」の名がくっきりと刻されている。雷電は年二場所制の時代に優勝相当成績二十八回を記録した、誰もが認める相撲史上最強の力士だった。そんな雷電はなぜか最後まで横綱にはなれず、大関のままで土俵人生を終えている。

◇

この「横綱力士碑」は明治二十六年（一八九三年）に建設の話が持ち上がり、七年後の明治三十三年（一九〇〇年）に落成した。これだけ歳月がかかったのは、言うまでもなく資金集めに苦労したからだ。そんな窮地を救ったのは、陣幕がかつて西郷隆盛の縁で築いた政財界の人脈だった。陣幕は伊藤博文、山県有朋、大《おお》隈重信《くましげのぶ》らを訪ね歩いて頭を下げ、どうにか目標額を達成できたのだった。

この「横綱力士碑」が落成して三年後の明治三十六年（一九〇三年）十月二十一日、陣幕は腎臓病の悪化によって永眠した。享年七十五。遺体は遺言どおり、生前に作らせておいた檜《ひのき》の棺《ひつぎ》に横綱を巻き付けて葬《ほうむ》られた。

■主な参考資料（順不同）

『脱藩大名の戊辰戦争　上総請西藩主・林忠崇の生涯』（中村彰彦著／中公新書）、『鎌倉幕府の真実』（本郷和人著／産経新聞出版）、『北条義時と鎌倉幕府がよくわかる本』（歴史の謎を探る会編／KAWADE夢文庫）、『新選組全史　戊辰・箱館編』（中村彰彦著／文春文庫）、『新選組最後の勇士たち』（山本音也著／小学館文庫）、『江戸幕府要職の表と「裏」がよくわかる！　徳川十五代を支えた老中・大老の謎』（福田智弘著／じっぴコンパクト新書）、『お殿様たちの出世　江戸幕府老中への道』（山本博文著／新潮選書）、『鳥羽伏見の戦い　幕府の命運を決した四日間』（野口武彦著／中公新書）、『北条五代（上・下）』（火坂雅志・伊東潤共著／朝日新聞出版）、『柳は萌ゆる』（平谷美樹著／実業之日本社）、『大奥の女たちの明治維新』（安藤優一郎著／朝日新書）、『歴史人　大奥の真実』（KKベストセラーズ）、『日本史リブレット　尚泰　最後の琉球王』（川畑恵著／山川出版社）、『奥羽越列藩同盟　東日本政府樹立の夢』（星亮一著／中公新書）、『徳川慶喜―将軍家の明治維新』（松浦玲著／中公新書）、『歴史読本　大相撲横綱63代』（新人物往来社）、『大名家の知られざる明治・大正・昭和史』（ダイアプレス）、『ビジュアル・ワイド　江戸時代館』（小学館）、『相撲大事典　第三版』（金指基著／現代書館）、『日本史必携』（吉川弘文館編集部編／吉川弘文館）、『日本全史』（講談社）ほか

青春文庫

日本《にほん》史《し》を変《か》えた「最《さい》後《ご》の○《まる》○《まる》」

2023年5月20日　第1刷

編　者　日本史深掘《にほんしふかぼ》り講座《こうざ》

発行者　小澤源太郎

責任編集　株式会社プライム涌光

発行所　株式会社青春出版社

〒162-0056　東京都新宿区若松町12-1
電話 03-3203-2850（編集部）
03-3207-1916（営業部）
振替番号　00190-7-98602

印刷／中央精版印刷
製本／フォーネット社

ISBN 978-4-413-29828-5